Karl Philipp Moritz
Über die bildende Nachahmung des Schönen

Karl Philipp Moritz
Über die bildende Nachahmung des Schönen
ISBN/EAN: 9783743695443

Hergestellt in Europa, USA, Kanada, Australien, Japan

Cover: Foto ©ninafisch / pixelio.de

Weitere Bücher finden Sie auf **www.hansebooks.com**

DEUTSCHE LITTERATURDENKMALE
DES 18. UND 19. JAHRHUNDERTS
IN NEUDRUCKEN HERAUSGEGEBEN VON BERNHARD SEUFFERT
— 31 —

ÜBER DIE BILDENDE
NACHAHMUNG
DES SCHÖNEN

VON

KARL PHILIPP MORITZ

STUTTGART
G. J. GÖSCHEN'SCHE VERLAGSHANDLUNG
1888

Auf der Michaelis-Messe des Jahres 1788 gab die Schul-Buchhandlung, welche kurz zuvor von Joachim Heinrich Campe gegründet war, das kaum 3 ½ Bogen starke Heft 'Über die bildende Nachahmung des Schönen' heraus. Der Verfasser desselben, Karl Philipp Moritz, war dem deutschen Publikum seit zehn Jahren als ein vielseitig begabter Schriftsteller bekannt. Seine 'Reise eines Deutschen in England im Jahre 1782' und die ersten Teile seines autobiographischen Romanes 'Anton Reiser' wurden überall gelesen und bewundert. In Berlin zumal, wo Moritz Professor am Gymnasium war, versprach man sich viel von der schriftstellerischen Zukunft des noch jungen Mannes. Dass er nicht nur seine eigenartigen Erlebnisse fesselnd darzustellen wusste, sondern auch gründliche Studien gemacht hatte, bewies der 'Versuch einer Deutschen Prosodie' und das von ihm begründete 'Magazin für Erfahrungsseelenkunde'. Als Moritz im Jahre 1786 nach Italien ging, war von dem fruchtbaren Schriftsteller eine reiche Ausbeute dieser Reise um so bestimmter zu erwarten, da mancherlei über einen Vertrag zwischen Moritz und Campe in die Öffentlichkeit gedrungen war. Der Armbruch, welchen Moritz bald nach seiner Ankunft in Rom in der Gesellschaft Goethes erlitt, hinderte ihn einige Monate am Arbeiten, und es ist bezeichnend, dass die Gelehrten Berlins ihm ein grösseres Geldgeschenk nach Rom sandten, welchem der Bibliothekar Biester folgende Zeilen beifügte: 'Alle hierzu Beitragende sind Leute von Stande und Ansehen, die keinen andern Dank verlangen als das eigene Bewusstsein, einem

Landsmann in der Fremde geholfen zu haben. Lieb soll es mir und Allen sein, wenn das Geld Sie schon völlig gesund trifft und Ihnen zur **nützlichen Erfüllung des Zwecks Ihrer Reise** dienen kann'.[1]) Als Zweck dieser Reise betrachteten nun die einen ein Werk über die Altertümer, andere erwarteten eine interessante Reisebeschreibung im Stile der schon erwähnten englischen Reise, und dem geschäftskundigen Verleger lag viel an einem Buche über die italienische Litteratur und an einer italienischen Grammatik, da eine englische Sprachlehre von Moritz eben in dritter Auflage erschien. Man war daher überrascht, als Moritz nach mehr als zweijährigem Aufenthalte in Italien nichts weiter lieferte als die kleine Schrift, eigentlich nur eine Abhandlung, 'Über die bildende Nachahmung des Schönen'.

Die Schrift fand allgemeine Beachtung; sie wurde in allen Zeitschriften eingehend besprochen und günstig beurtheilt; aber Campe war mit dem buchhändlerischen Erfolge nicht zufrieden. Schon am 3. Dezember 1788 schrieb er: 'Ihre Abhandlung über das Schöne hat kein Glück gemacht, und ich werde den grössten Teil der Auflage ins Makulatur werfen müssen. Es sind bis jetzt nicht mehr als 200 und ein paar Exemplare davon abgegeben'. Fast scheint es, als hätte Campe, der bald auch aus anderen Gründen mit Moritz in Streit geriet. diesen Vorsatz wirklich ausgeführt. Wenigstens war die Abhandlung schon ganz aus dem Buchhandel verschwunden, als Goethe seine 'Italienische Reise' schrieb. Goethe hielt es daher für gut, einen Teil der Schrift in die 'Italienische Reise' einzuschalten und einleitend zu bemerken: 'Vielleicht nimmt man hiervon Veranlassung, das Ganze wieder abzudrucken.'

Es ist seltsam genug, dass diese Anregung bisher von keiner Seite befolgt wurde, und dass die Schrift erst jetzt, genau hundert Jahre nach ihrem Entstehen, zum

---

[1]) Moritz, Über eine Schrift des Herrn Schulrath Campe S. 11.

ersten Male wieder erscheint. Die verhältnismässig geringe Würdigung, welche Moritz als Ästhetiker gefunden hat, ist hauptsächlich darauf zurückzuführen, dass die Wenigen, die ihn überhaupt beachteten, sich zumeist auf den Auszug beschränkt sahen, den Goethe von seiner Schrift gibt. Moritz geschah schon bei Lebzeiten ein Unrecht dadurch, dass man seine Abhängigkeit von Goethe in Fragen der Ästhetik für weit grösser hielt, als sie wirklich war. Der Weimarer Kreis, insbesondere Herder und Knebel hielten Moritz nur für den Interpreten Goethescher Kunstanschauungen. Ja, Goethe selbst scheint in späteren Jahren seinen Einfluss auf die Schrift über die bildende Nachahmung überschätzt zu haben, da er von ihr sagt: 'Sie war aus unseren Unterhaltungen hervorgegangen, welche Moritz nach seiner Art benutzt und ausgebildet.' [1] Es lässt sich dem gegenüber nachweisen, dass die Abhandlung im ganzen und im einzelnen das Gepräge der Individualität trägt, welche Moritz schon in seinen Schriften vor der Reise nach Italien zeigt. Einen erheblichen Teil seiner Ansichten über die Natur des Schönen hat Moritz auch schon im Jahre 1785 in dem hier als Anhang abgedruckten Aufsatze der Berlinischen Monatsschrift veröffentlicht. Was er in der Schrift über die bildende Nachahmung hinzugefügt hat, ist aber so ganz und gar in Übereinstimmung mit seinem Wesen und seiner Denkweise, dass gerade hier für den Einfluss Goethes, der sich sonst mächtig genug auf Moritz geltend machte, nicht viel Raum bleibt. Ein kurzer Überblick

---

[1] Ursprünglich war es Goethe durchaus nicht unbekannt, dass in der Abhandlung nur Moritz' schon seit Jahren bestehendes System dargestellt ist; denn gerade Goethe hebt in seiner Recension der Abhandlung im Teutschen Merkur hervor: 'Wir finden ihn jenen Grundsätzen getreu, zu denen er sich schon ehemals bekannt.' (Nämlich in einem Aufsatz der Berlinischen Monatsschrift.) — Auch die Recension der Abhandlung in den Gött. Gel. Anzeigen erwähnt, dass Moritz die Ideen der Abhandlung schon mit nach Italien nahm.

über den geistigen Entwickelungsgang, welchen Moritz zurückgelegt hatte, bis er nach Italien kam, dürfte daher das Verständnis seiner Schrift erleichtern.

Aus Predigtbüchern und Erbauungsschriften zog Moritz seine erste geistige Nahrung. Während er als Knabe in Braunschweig das Hutmachergewerbe erlernte, erhoben ihn die Sonntagspredigten und seine eigene Phantasie so weit über sein elendes Dasein, dass er der Gefahr entging, darin zu versinken. Es gelang ihm, das Handwerk zu verlassen und ein Gymnasium zu besuchen.[1]) Theologie wollte er studieren, nicht weil er geistlichen Beruf in sich fühlte, sondern weil ihm das Predigen gewissermassen als eine Kunst erstrebenswert erschien. Es kostete ihn daher auch keine Überwindung, in seinen Neigungen und Zielen die Kanzel mit der Schaubühne zu vertauschen, sobald er nur einmal in einem Theater gewesen war. Die Jahre, welche er in Hannover als Primaner und als Student in Erfurt verlebte, waren von den Kämpfen erfüllt, welche ein überschätzter und missverstandener Kunsttrieb mit der klaren Selbsterkenntnis führte. Moritz hatte viel dichterisches Empfinden, und weil er schon frühzeitig die Sprache beherrschte, gelang ihm hin und wieder ein Gedicht. Mit tiefem Verständnis für das Tragische las er die Dramen Klingers, später den Shakespeare, und weil er die Leidenschaft der dramatischen Helden nachempfand, traute er sich auch zu, sie künstlerisch zur Darstellung zu bringen. Er konnte aber weder als Dichter noch als Schauspieler eine wirkliche Kunstleistung zu stande bringen. Nun war er von Kindheit an gewöhnt, über seine eigenen Fähigkeiten und Mängel zu sinnen, und so gaben ihm alle seine missglückten

---

[1]) Für die biographischen Einzelheiten und Daten über Moritz, welche hier nicht gegeben werden, sei auf den Neudruck des 'Anton Reiser' (Deutsche Litteraturdenkmale 23) verwiesen.

Versuche Veranlassung, über die Bedingungen des künstlerischen Schaffens überhaupt nachzudenken. Hier sind also schon die Wurzeln vieler eigenartiger Anschauungen zu suchen, welche er später in seine Theorie einfügte. Die vortreffliche Partie seiner Abhandlung über die bildende Nachahmung, in welcher das Verhältnis des Geschmacks zur Bildungskraft dargestellt wird, enthält Selbsterlebtes. Schon als Schüler wurde Moritz sich klar darüber, dass nur der ein Kunstwerk schaffen könnte, den der reine Darstellungstrieb beseelt. Er bemerkt wiederholt im 'Reiser', dass ihm die Gedichte nicht gelingen wollten, welche er nur um des Beifalls willen oder durch irgend einen äusseren Antrieb verfasste, oder überhaupt wenn 'der Wunsch, ein Gedicht zu machen, eher bei ihm da war, als der Gegenstand, den er besingen wollte, woraus gemeiniglich nicht viel Gutes zu erfolgen pflegt'.[1]) Aber erst durch mannigfache Enttäuschungen wurde ihm klar, wie viel ihm zum Künstler fehlte. Die Darstellung seiner Studienjahre im vierten Teile des 'Reiser' sollte, wie Moritz in der Einleitung sagt, vor allem zeigen, 'durch welche Merkzeichen vorzüglich der falsche Kunsttrieb von dem wahren sich unterscheide'. 'Man sieht aus dieser Geschichte, heisst es in derselben Einleitung, dass ein missverstandener Kunsttrieb, der bloss die Neigung ohne den Beruf voraussetzt, eben so mächtig werden und eben die Erscheinungen hervorbringen kann, welche bei dem wirklichen Kunstgenie sich äussern, welches auch das Äusserste erduldet und alles aufopfert, um nur seinen Endzweck zu erreichen.'[2]) Weiterhin sagt Moritz von sich: 'Es war kein ächter Beruf, kein reiner Darstellungstrieb, der ihn anzog: denn ihm lag mehr daran, die Scenen des Lebens in sich, als ausser sich darzustellen. **Er wollte für sich das alles haben, was die Kunst zum Opfer fordert** . . . . . Er täuschte

---

[1]) DLD. 23, 249.
[2]) Ebenda S. 339.

sich selbst, indem er das für ächten Kunsttrieb nahm, was bloss in den zufälligen Umständen seines Lebens gegründet war. Und diese Täuschung, wie viele Leiden hat sie ihm verursacht, wie viele Freuden ihm geraubt! Hätte er damals das sichere Kennzeichen schon empfunden und gewusst, dass, wer nicht über der Kunst sich selbst vergisst, zum Künstler nicht gebohren sey, wie manche vergebene Anstrengung, wie manchen verlohrnen Kummer hätte ihm diess erspart.' [1])

An alle diese Selbstbekenntnisse muss der Leser der Abhandlung über die bildende Nachahmung erinnert werden, wenn er in dieser Schrift Sätze liest wie den folgenden, der statt vieler anderer hierher gehörenden nur angeführt sein mag: 'Wo sich in den schaffenwollenden Bildungstrieb, sogleich die Vorstellung vom Genuss des Schönen mischt, den es, wenn es vollendet ist, gewähren soll; und wo diese Vorstellung der erste und stärkste Antrieb unsrer Thatkraft wird, die sich zu dem, was sie beginnt, nicht in und durch sich selbst gedrungen fühlt; da ist der Bildungstrieb gewiss nicht rein: Der Brennpunkt oder Vollendungspunkt des Schönen fällt in die Wirkung über das Werk hinaus; die Strahlen gehen auseinander, das Werk kann sich nicht in sich selber ründen.' (S. 22, Z. 10—20.)

Moritz erkannte immerhin noch rechtzeitig, allerdings nicht ohne tiefen Schmerz, dass ihm der Genuss dichterischen und überhaupt künstlerischen Schaffens versagt war. So kommt es denn, dass er, der sonst als Schriftsteller gar nicht wählerisch war und viel schreiben musste, weil er davon lebte, doch niemals schlechte Gedichte veröffentlicht hat [2]). Um zu leben, versündigte er sich hin und wieder gegen die Wissenschaft, indem er eine mangelhafte Grammatik von ein Sprache schrieb, die

---

[1]) DLD. 23, 368.

[2]) Einige Gedichte auf Friedrich den Grossen kommen hier nicht wohl in Betracht.

er eben erlernt hatte. Aber er verletzte nicht die Majestät der Kunst, indem er seine oft formvollendeten Verse als Gedichte veröffentlichte; er missbrauchte seine Sprachgewandtheit und sein feines Empfindungsvermögen nicht, um sich unter die Poeten zu mengen. Diese Entsagung wurde ihm nicht leicht, aber er verlangte das Opfer von jedem Kunstjünger. Mit tiefer Empfindung schildert er in seiner Abhandlung, wie viel Leid durch den versagten Genuss künstlerischen Schaffens entstehe. Er hatte es aber auch an sich selbst erlebt, was er sagt, dass 'das Schöne mit dem Leiden, das sein versagter Genuss erweckt, zusammengenommen in unserer Vorstellung erst seinen höchsten Reiz erhält, dem durch kein schöneres Opfer als dieses kann gehuldigt werden'. (S. 30, 12 ff.)

Es ist klar und kann noch durch weitere Stellen aus dem 'Reiser' belegt werden, dass der hochgeschraubte Begriff vom Schönen aus Moritz' inneren Erlebnissen und Kämpfen naturgemäss hervorgegangen ist; ebenso sicher ist es, dass alles, was über den falschen Bildungstrieb, Aufopferung u.s.w. in der Abhandlung gesagt wird, Moritz gewissermassen aus dem Herzen geschrieben ist, so dass hierfür nach einer äusseren Anregung weder bei Goethe noch sonst irgendwo gesucht zu werden braucht. Ganz selbstverständlich ist es aber auch, dass Moritz für die Bildung seiner ästhetischen Ansichten nicht frei von Einflüssen, sowohl künstlerischen wie wissenschaftlichen, geblieben ist.

In reiferen Jahren pflegte Moritz freilich nicht viel zu lesen; man kann sagen, dass er später vielleicht mehr Bücher geschrieben als gelesen hat. Dafür hat er schon als Schüler und Student die ganzen geistigen Bestrebungen seiner Zeit auf sich wirken lassen. Neben den vielen schlechten Büchern, welche er verschlang, lernte er doch auch der Reihe nach alle besseren Erscheinungen der zeitgenössischen Litteratur kennen. Lessings kleine Schriften wusste er fast auswendig, so oft hatte er sie durchgelesen. Gedichte von Bürger, Hölty, Voss, den Stolbergen u. s. w. lernte er durch die Musenalmanache kennen.

Er übte sich in der Kritik, indem er Urteile über alle Bücher, die er las, in ein Buch eintrug. Die meisten Dichter bewunderte er; besonders schlecht kamen dagegen Sternes 'Empfindsame Reisen' weg, und auch für Klopstocks 'Messias' konnte er sich nicht erwärmen. Er las ihn mit einem Freunde zusammen und schildert, wie er sich vergeblich bemühte, über das Gehörte entzückt zu sein; wie es ihm die traurigsten Stunden machte, dass seine Seele leer blieb und vergebens strebte, sich aus diesem Zustande herauszuarbeiten. Dieses Urteil hinderte Moritz übrigens nicht, das Dichtertalent Klopstocks anzuerkennen, dessen Oden er liebt und oft citiert.

Am mächtigsten wurde Moritz in seinem ganzen Wesen, in seinem Empfinden und seinen Anschauungen vom 'Werther' ergriffen, der ihn gleich mit grenzenloser Verehrung für Goethe erfüllte. Die Wirkung, welche der Werther auf Moritz übte, ist schon wiederholt besprochen worden, eingehend zuerst von Erich Schmidt in der Schrift 'Richardson, Rousseau, Goethe'. Hier kommt nur in Frage, in wie weit Moritz durch die Lektüre des 'Werther' in der Entwickelung seiner ästhetischen Ansichten beeinflusst wurde. Und da wird es vielleicht nicht unnütz sein, auf eine bisher unbeachtet gebliebene Kundgebung von Moritz hinzuweisen, die allerdings aus späterer Zeit stammt. Die Deutsche Monatsschrift vom Jahre 1792 (2, 243—251) enthält einen Aufsatz von ihm 'Über ein Gemählde von Goethe'. Die Macht des Ausdrucks, die Gewalt, welche die Sprache eines Meisters in der Schilderung der Natur erlangen kann, soll an einem Muster beleuchtet werden. Hierzu ist die Stelle aus dem 'Werther' ausersehen[1]), welche mit den Worten beginnt: 'ich könnte jetzt nicht zeichnen, nicht einen

---

[1]) Es ist bezeichnend, dass Moritz es nicht für nöthig hielt, anzugeben, aus welcher Dichtung Goethes die Stelle entnommen sei; er musste wohl bei seinen Lesern eine so genaue Kenntniss des 'Werthers' voraussetzen.

Strich, und bin doch nie ein grösserer Maler gewesen als in diesem Augenblick'. Der Satzbau wird zergliedert, um dem Zauber der Wirkung nachzuspüren. Die künstlerische Eigenart Goethes wird so treffend geschildert, wie es selten geschehen ist, und hierbei giebt Moritz dieselben Kennzeichen an, welche er auch in seiner Abhandlung für das wahrhaft Künstlerische entwickelt. Aus dem ganzen Aufsatz, welcher für die Bewunderer Goethes und seiner Sprache noch heute sehr lesenswerth ist, seien hier nur einige Sätze angeführt, welche beinahe im Wortlaute mit entsprechenden Ausführungen der Abhandlung übereinstimmen.

Es heisst da: 'Man wird nicht leicht ein Werk der Poesie finden, wo der Darstellungstrieb selber sich so treu dargestellt hätte als in diesem poetischen Gemälde, in welchem gleichsam das innerste der Seele sich darzulegen strebt.' ...

... 'Derjenige wird die Natur am besten beschreiben, der sie so empfindet, dass sie mit ihm selber gleichsam ein ganzes ausmacht, indem er sich in sie versenkt und mit ihr auf das innigste verwebt fühlt'..... 'Was für ein reines Organ und was für ein heller ausgebildeter Spiegel der Seele aber wird zu einer solchen Beschreibung vorausgesetzt. In den Augenblicken, wo eine solche Beschreibung glücken soll, muss das einzelne Selbstbewusstsein sich gleichsam in dem Mitbewusstsein des grossen Ganzen der Natur verlieren, wovon das denkende und empfindende Organ durchströmt wird.'

Dass hier das künstlerische Schaffen mit denselben Ausdrücken geschildert und auf dieselben Bedingungen zurückgeführt wird, wie in der Abhandlung, ist ja nicht auffallend, da der Aufsatz in der Deutschen Monatsschrift später geschrieben ist. Es spricht jedoch dafür, dass Moritz auch schon bei seiner frühzeitigen, oft wiederholten Lektüre des 'Werther' die Bedingungen und Kennzeichen des wahren Kunstgenies an Goethe studiert und erkannt hat.[1]) So hat Goethe auf die Abhandlung schon lange vor deren Entstehung eingewirkt; nur in soweit ist auch das Urteil Herders richtig, der an seine Gattin (21. Februar 1789) über die Abhandlung schrieb: 'Sie ist ganz Goethisch, aus seiner Seele in seine Seele; er ist der Gott von allen Gedanken des guten Moritz.' Kurz: Goethe war bei der Entstehung der Schrift über die bildende Nachahmung als Künstler, aber nicht als Denker betheiligt.

Goethe war indessen nicht der einzige Dichter, der in den Entwickelungsgang Moritz' beherrschend eingriff. Als Wielands Übersetzung des Shakespeare erschien, dünkte Moritz dem gegenüber alles klein und unbedeutend, was er bisher gelesen hatte. Er schildert es selbst in dem dritten, 1786 erschienenen Teile des 'Reiser': 'Welch eine neue Welt eröfnete sich nun auf einmal wieder für seine Denk- und Empfindungskraft! — Hier war mehr als alles, was er bisher gedacht, gelesen und empfunden hatte. — Er las Makbeth, Hamlet, Lear, und fühlte seinen Geist unwiderstehlich mit emporgerissen — jede Stunde seines Lebens, wo er den Shakespear las, war ihm unschätzbar. Im Shakespear lebte, dachte und träumte er nun, wo er ging und stund'.[2]) Moritz hatte das Glück, die Ackermannsche Truppe täglich spielen zu sehen, welche damals die besten Schauspieler jener Zeit vereinigte. Er nennt Brockmann, Reinicke, Schröder, später sah er auch Ekhof. Er ergötzte sich an 'Emilia Galotti', am 'Clavigo'. Aber 'Hamlet', 'Lear', 'Othello', 'die damals noch an keiner Bühne vorgestellt wurden', genoss er allein und spielte die Rollen der Helden oft auf freiem Felde, wobei kein anderer als Iffland, damals sein Schulgenosse, ihm Gesellschaft leistete. Es zeugt für den

---

[1]) Moritz hatte offenbar eine grössere Arbeit über den 'Werther' vor, wie aus seinem Briefe an Goethe (Goethe-Jahrbuch Bd. 2) hervorgeht. Der Aufsatz in der Monatsschrift ist gewiss nur ein Theil der in dem Briefe bezeichneten Arbeit.
[2]) DLD. 23, 233.

guten Geschmack, den Moritz schon als Jüngling entwickelte, dass er die Bedeutung Shakespeares gleich erkannte, zu einer Zeit, da das noch nicht so selbstverständlich war, zu derselben Zeit oder nur um weniges später, als Lessing seine Stimme für Shakespeare erhob. Die ästhetische Litteratur der Zeit lernte Moritz schon frühzeitig kennen. Mendelssohns Schriften und die Litteraturbriefe las er als Primaner, und aus Lessings Schriften zog er alles aus, was sich auf das Theater bezog. Von 'Laokoon' und der 'Hamburgischen Dramaturgie' ist im 'Reiser' nicht ausdrücklich die Rede; doch ist es, wie wir sehen werden, sicher, dass er wenigstens die 'Dramaturgie' gelesen hat. —

Moritz kam gegen Ende der siebziger Jahre nach Berlin. Er war auf seinen Irrfahrten an der Klippe des Schauspielerberufes glücklich vorbeigekommen; dem sorglosen Leben, das er einige Zeit in der Brüdergemeinde führte, war er entflohen, und endlich hatte er auch den Lockungen Basedows widerstanden, der ihn in Dessau behalten wollte. In Berlin fand er nun die Anregung zu ernster wissenschaftlicher Arbeit, besonders im persönlichen Verkehre mit Mendelssohn, den er seit Jahren verehrte.

Neben psychologischen und sprachwissenschaftlichen Studien waren es jedenfalls auch Fragen der Ästhetik, über welche Moritz in dem geistigen Verkehr mit Mendelssohn nachdachte. Der 'Versuch einer deutschen Prosodie', der besonders durch den Nutzen, den Goethe daraus zog, eine litteraturgeschichtliche Bedeutung hat, beweist nicht nur einen fein ausgebildeten sprachlichen Sinn, sondern auch scharfes Gefühl für das dichterisch Schöne. Der reformatorische Gedanke der Schrift liegt bekanntlich darin, dass die metrische Verschiedenheit der Silben im Deutschen nicht nach der Quantität zu bemessen ist, sondern nach der Bedeutung und dem Sinn der Redeteile. Eine Fülle von Beispielen, zu denen besonders Klopstock beiträgt, beweist, wie sehr Moritz sein Gefühl für dichterische Schönheit geübt hat.

Die erste zusammenhängende Darstellung allgemeinästhetischer Ansichten veröffentlichte Moritz in dem schon erwähnten Beitrage zur Berlinischen Monatsschrift vom Jahre 1785: 'Versuch einer Vereinigung aller schönen Künste und Wissenschaften unter den Begriff des in sich selbst Vollendeten.' Der Aufsatz trägt die Überschrift: 'An Herrn Moses Mendelssohn'. — Wenn die Untersuchung auch nirgends weder polemisch noch zustimmend an irgend eine Autorität ausdrücklich anknüpft, so wird es doch nützlich sein, das Verhältnis zu bestimmen, in welchem besonders Mendelssohn zu Moritz' erstem und gleich sehr bedeutsamem ästhetischen Versuche steht.

Die deutsche Ästhetik hatte in ihrer kurzen kaum ein halbes Jahrhundert umspannenden Geschichte schon mancherlei Lösungsversuche für die Grundfrage nach dem Wesen der Kunst zu verzeichnen. Sie waren indessen durchweg formalistisch ausgefallen, von allgemeinen Begriffen und höchstens aus psychologischen Gesichtspunkten hergeleitet, aber ohne lebendigen Sinn für künstlerisches Schaffen. Lessing, der vielleicht allein dieser Aufgabe gewachsen war, hatte eine erschöpfende Untersuchung ganz allgemeiner Art ängstlich vermieden und sich auf einzelne Sätze und einige vortreffliche Andeutungen, besonders in der 'Dramaturgie', beschränkt, die übrigens, wie wir sehen werden, bei Moritz auch auf einen fruchtbaren Boden fielen. Sulzer starb, kurz nachdem Moritz nach Berlin kam, und es war besonders damals schon Moritz' Sache nicht, sich in tote Bücherweisheit zu vertiefen. So blieb der geistige Verkehr mit Mendelssohn die einzige Anregung für die Bildung seiner ästhetischen Ansichten.

Vor Baumgarten und dessen nahen Schülern hatte Mendelssohn voraus, dass er von der französischen und englischen Ästhetik, von Batteux und Burke, gelernt hatte; aber er war doch gerade in wesentlichen Punkten nicht über Baumgarten hinausgegangen. Wie dieser stellte Mendelssohn dem Denken als dem Vermögen der klaren Erkenntnis das Empfinden, also auch das künstlerische, als ein niederes Vermögen gegenüber. Mit Baumgarten definierte Mendelssohn: das Schöne ist sinnlich erkannte Vollkommenheit. Nur vertiefte er die Frage, indem er die Art dieser Vollkommenheit untersuchte, um 'die Grenzen der Vollkommenheit und Schönheit zu trennen und beide in ihrer wahren Gestalt zu zeigen'.[1]) Das Ergebnis der Untersuchung war aber nicht etwa, dass die Schönheit eine andere Art von Vollkommenheit bilde wie das Wahre und Gute, sondern dass es eine niedere Vollkommenheit sei, die sich zu der höheren des Denkens verhalte wie die irdische Venus zur himmlischen. Dem entspricht es, dass Mendelssohn auch nicht mit Lessing die Nachahmung des Schönen als die wichtigste und einzig massgebende Regel der Kunst auffasst. Einen einzigen allgemeinen Zweck der Kunst gibt Mendelssohn überhaupt nicht an. Er bestreitet aber Batteux gegenüber, dass die Nachahmung der Natur 'das allgemeine Mittel sei, wodurch die schönen Künste gefallen'; wenigstens hält er diesen Grundsatz für unzulänglich;[2]) es bleibt nur das Vergnügen als Zweck der Kunst übrig, und das wird mit aller Vorsicht ausgesprochen, ja fast nur angedeutet, aus den moralisierenden Gründen, welche innerhalb der Popular-Philosophie auch für die Ästhetik ihre Geltung behielten.[3])

Hier setzt nun Moritz mit seinem Aufsatze ein. Er beginnt: 'Man hat den Grundsatz von der Nachahmung der Natur als den Hauptendzweck der schönen Künste und Wissenschaften verworfen und ihn dem Zweck des Vergnügens untergeordnet, den man dafür zu dem ersten Grundgesetze der schönen Künste gemacht hat.' Auf dem hiermit

---

[1]) Briefe über die Empfindungen. 5. Brief. Ausgabe von Brasch S. 28.

[2]) Über die Hauptgrundsätze der schönen Künste und Wissenschaften. Brasch S. 145.

[3]) Dieser Gedanke wird zur Kennzeichnung der Popular-Philosophie besonders von Zimmermann in der Geschichte der Ästhetik durchgeführt.

bezeichneten Standpunkte befand sich Mendelssohn, wie eben erwähnt, schon in seiner Abhandlung vom Jahre 1757 ('Über die Hauptgrundsätze der schönen Künste und Wissenschaften'); er wird seine Meinung in einem Gespräche mit Moritz verteidigt und dadurch den Anlass zu dem Aufsatz in der Berlinischen Monatsschrift gegeben haben. Den Grundsatz von der Nachahmung der Natur bespricht Moritz in seinem Aufsatze gar nicht; er widerlegt nur die Möglichkeit, dass das Vergnügen der Hauptzweck der Kunst sei. In der Form einer scheinbar zwanglosen Betrachtung, in Wirklichkeit aber durch eine strenge Schlussweise wird diese Absicht erreicht. Die wichtigsten Ergebnisse können etwa so dargestellt werden:

1) Das Vergnügen des Schönen ist wesentlich verschieden von dem Vergnügen, welches das Nützliche erregt; denn der nützliche Gegenstand macht Vergnügen, weil er die Vollkommenheit eines andern erhöht, der schöne ergötzt durch seine eigene Vollkommenheit. Das Vergnügen am Schönen ist daher auch erst dann rein, 'wenn wir es als etwas betrachten, das blos um sein selbst willen hervorgebracht ist, damit es etwas in sich Vollendetes sei'.

2) Ein Ding kann also nicht schön sein, weil es uns Vergnügen macht; sondern was uns Vergnügen macht, ohne zu nützen, ist schön.

3) Wenn es aber etwas gibt, was uns Vergnügen macht, ohne zu nützen, so kann das Vergnügen seinen Grund nur in der inneren Zweckmässigkeit haben; das Schöne ist also das in sich Vollendete.

Die Beweisführung zeigt im einzelnen, wie fruchtbar diese Auffassung ist. Der Künstler, welcher vor allem den Zweck im Auge hat, durch sein Werk Vergnügen zu erregen, wird nichts Vortreffliches leisten. Keine Schönheit eines Kunstwerks darf dem Geschmack des Publikums aufgeopfert werden. Selbst der Beifall der Edlen soll nicht der massgebende Gesichtspunkt, nicht das Ziel des Künstlers sein; ähnlich wie wir beim sittlichen Handeln zwar auch auf Glückseligkeit rechnen, Vollkommenheit aber unser einziges Ziel ist. Ein passendes Gleichniss beschliesst die Abhandlung. Der Spiegel, in welchem ein Gemälde sich darstellt, kann nicht der Zweck des Kunstwerkes sein; ist der Spiegel angelaufen und bringt das Werk nur unvollkommen zur Darstellung, so verliert es darum nicht an Wert.

So einfach der Gedanke war, und so anspruchslos er vorgetragen wurde, so neu und geradezu Epoche machend war die Auffassung, dass der Wert des Kunstschönen, in sich selbst gegründet, nicht danach zu bemessen wäre, welchen Nutzen es stifte. Das war eben der Irrtum, unter welchem die Ästhetik in ihrer ganzen Entwickelung bis dahin so stark gelitten hatte, dass man diese Wissenschaft nicht frei von ethischen Elementen gehalten hatte, dass man den Begriff des Schönen nicht streng genug von anderen Vollkommenheiten zu trennen wusste. War nunmehr der Begriff des Schönen in sich selbst gegründet, so musste das befreiend wirken, nicht nur auf die Entwickelung der Wissenschaft, sondern auch auf die Bildung des Geschmackes, ja auf die ausübende Kunst selbst. Jede über das Kunstwerk hinausgehende Tendenz war damit verpönt. Der Aufsatz enthielt somit auch die theoretische Begründung der scharfen Urteile, welche Moritz ein Jahr vorher in der Vossischen Zeitung über Schillers Jugenddramen, besonders über Kabale und Liebe ausgesprochen hatte.

Bei den berufsmässigen Ästhetikern erregte die Abhandlung in der Monatsschrift denn auch das Aufsehen, das sie verdiente. Der erste, der in der Folge eine Neubegründung der Ästhetik versuchte, C. H. Heydenreich, widmete in seinem 1790 erschienenen 'System der Ästhetik' Moritz und seinem Aufsatze einen grösseren Excurs (S. 137 f.). Wenn man bei der Gegenüberstellung des Schönen und Nützlichen nur an das 'Physisch-Nützliche' denkt, führt Heydenreich aus, so ergebe sich daraus allerdings eine strenge Trennung der mechanischen und schönen Künste. Dieses Ergebnis sei richtig, aber trivial. Fasse man dagegen den Begriff des Nützlichen in einem weiteren Sinne, dann sei auch das Schöne nützlich; denn auch das Schöne habe seine Beziehungen ausser sich, 'in einem Wesen, auf welches dadurch gewirkt werden soll; es sei dieses der Künstler selbst (in wiefern er bloss für sich darstellt) oder andere Menschen ausser ihm'. Aber diese Beziehung auf die Wirkung hatte Moritz gerade für das wahre Kunstwerk als unnütz oder schädlich verworfen. Auch gegen einzelne, aus dem Zusammenhang gezogene Sätze macht Heydenreich Einwendung. Sein prinzipieller Standpunkt gegen Moritz soll noch bei der Besprechung der Abhandlung über die bildende Nachahmung gekennzeichnet werden, die er ebenfalls einer Kritik unterzog.

Eine andere Erwiderung als die von Heydenreich scheint der Aufsatz in der Monatsschrift nicht gefunden zu haben. Auf Zustimmung durfte Moritz wenig rechnen. Er hatte schon den heftigsten Widerspruch erfahren, als er im Jahre 1784 als Redacteur der Vossischen Zeitung seine scharfen Kritiken veröffentlichte. Nicht nur die Jugenddramen Schillers, sondern auch andere minder bedeutende Stücke, alle Tendenzdichtungen, alle Dramen, die auf allzustarke Wirkungen berechnet waren, erfuhren damals seine heftige Zurückweisung. Seine Abhandlung in der Monatsschrift bewies, dass das von einem festen ästhetischen Standpunkte aus geschehen war. Moritz wusste damals noch nicht, dass er hierin mit einem Manne einig war, dessen Zustimmung ihm allen Widerspruch aufwiegen musste, nämlich mit Goethe.

Auf seinen Wanderungen hatte Moritz mehrmals vergeblich versucht, persönliche Beziehungen zu Goethe anzuknüpfen. Nun traf er im Winter 1786 mit ihm in Rom zusammen, und es entwickelte sich alsbald das innige Verhältnis, wie es uns aus Goethes Mitteilungen bekannt ist. Die Zuneigung, welche Goethe zu Moritz fasste, war ganz natürlich und beruhte nicht etwa auf einer Überschätzung, wie sie Goethe vielleicht später hin und wieder bei der Wahl seines Umganges eigen war. Von den persönlichen Eigenschaften Moritz', die Goethe veranlassten, ihn seinen Zwillingsbruder zu nennen, sei hier ganz abgesehen. Was Goethe in Italien suchte und fand, eine Läuterung und Umgestaltung seiner Kunstanschauungen, darin konnte ihn Moritz mehr wie irgend ein anderer fördern. Moritz hatte unabhängig den ästhetischen Standpunkt gewonnen, auf den sich Goethe schon in seinen letzteren Dichtungen stellte, und den er in Italien zu befestigen strebte. In ihren Urteilen über die zeitgenössischen Dichter trafen sie zusammen, und was Goethe mehr induktiv empfand, das konnte Moritz aufklären und spekulativ begründen. So war Moritz gerade in ästhetischen Dingen mehr der gebende als der empfangende Teil. Das spricht Goethe auch deutlich in dem Tagebuche an Frau von Stein aus: 'Die Wiedergeburt, die mich von innen heraus umarbeitet, wirkt immer fort; ich dachte wohl, hier was zu lernen; dass ich aber so weit in der Schule zurückgehen, dass ich so viel verlernen musste, dacht' ich nicht. Desto lieber ist mir's, ich habe mich ganz hingegeben, und es ist nicht allein der Kunstsinn, es ist auch der moralische, der grosse Änderungen leidet... Tischbein und M o r i t z s i n d m i r v o n g r o s s e r H i l f e und wissen nicht, was sie mir sind, da auch hier der zum Schweigen Gewöhnte schweigt.'

Nur durch ein Gefühl der Verpflichtung ist auch die ausserordentliche Aufopferung zu erklären, mit der sich Goethe des neuen Freundes annahm. Er suchte vor allem seinem Wesen mehr Bestimmtheit und seinem Streben mehr Stetigkeit und Tiefe zu geben. Zuerst war der äussere Erfolg gewissermassen ein negativer. Denn Moritz vermochte es nicht mehr über sich zu gewinnen, in der gewohnten Manier zu schreiben und gangbare Verlagsartikel zu liefern. Nur Bedeutendes wollte er in der Gesellschaft Goethes leisten, und dieser bestärkte ihn darin. Darüber kam es zu Misshelligkeiten mit Campe, der als Verleger für seine Geldsendungen Entschädigung verlangte. Auf wiederholtes Drängen schickte nun endlich Moritz — nach Campes wörtlicher Darstellung[1]) — 'nicht etwa seine Reisebeschreibung oder das bewusste Buch über die italienische Litteratur — o nein! an diese wurde auf seiner Seite nun gar nicht mehr gedacht, sondern an ihrer Statt anfangs ein Paar, nachher in zwei verschiedenen Sendungen mehrere Blätter, überhaupt $3^1/_2$ Bogen einer Abhandlung über die bildende Nachahmung des Schönen'.

Dass die Schrift so, durch die Eile des Verlegers gewissermassen voreilig ans Licht treten musste, hat wohl ihrer äusseren Form, aber nicht ihrem inneren Gehalt Abbruch gethan. Moritz war genötigt, seine reifen Gedanken zusammenzudrängen, so dass dem Leser das Verständnis nicht gerade bequem wird. Der Gedankeninhalt selbst ist aber bis auf wenige Punkte durchaus nicht dunkel. Goethe urteilt in seiner Recension der Abhandlung (im Teutschen Merkur): 'Die Gedrängtheit der Methode und des Styls schadet dem wohldurchdachten und bei mehrerer Beleuchtung auch wohlgeordneten Inhalt.' Das braucht daher auch nur die Absicht der Beleuchtung zu sein, welche im folgenden versucht werden soll, dass dadurch aus der gedrängten Form die Anordnung und Gliederung deutlicher hervortrete.

Die Schrift war vielleicht ursprünglich etwas ausführlicher geplant; daher bilden die ersten Blätter, welche Moritz an Campe schickte, eine verhältnismässig zu breite Grundlage für die Abhandlung. Der Begriff der Nachahmung überhaupt soll untersucht werden. Was bedeutet zunächst 'Nachahmen' in ethischem Sinne?

---

[1]) Campe, Moritz, ein abgenötigter Beitrag zur Erfahrungsseelenkunde S. 16.

Wer sich ein Individuum in seinem Handeln zum Vorbilde nimmt, von dem dürfen wir, streng genommen, das Wort 'nachahmen' nicht brauchen, wenn er nur äussere Eigentümlichkeiten in sein Wesen zu übertragen strebt. Der Schauspieler z. B., der den Sokrates auf der Bühne in Mienen und Gebärden darstellt, parodiert ihn; der Narr, der es auf der Strasse thut, äfft ihm nach. Nur wer das im Sokrates bis zu einem gewissen Grade verwirklichte Ideal von Güte und Weisheit sich zum Vorbilde nimmt, dem er nachstrebt, von dem kann es heissen, er ahme ihm nach. 'Wir sehen also, dass Nachahmen im edlern moralischen Sinne, mit den Begriffen von nachstreben und wetteifern fast gleichbedeutend wird' (S. 4, Z. 10 ff.).

Man könnte nun erwarten, dass dementsprechend auch die Nachahmung in ästhetischem Sinne an einem Beispiele bestimmt werde, um zu zeigen, dass es auch bei der künstlerischen Nachahmung nicht darauf ankomme, ein Vorbild äusserlich möglichst getreu zum Abdruck zu bringen, sondern dass es auch hier die Aufgabe sei, dem in einem einzelnen Gegenstand der Natur annähernd verwirklichten Ideal des Schönen nachzustreben. Das ist auch in der That das Ziel und späterhin ein Ergebnis der Untersuchung, und nur so hängt auch die Einleitung von der ethischen Nachahmung mit dem Ganzen zusammen, obwohl das zunächst nicht deutlich hervortritt.

Einstweilen soll nämlich erst begrifflich das Schöne in seinem Verhältnis zum Guten und Nützlichen bestimmt werden. Von den ethischen Prädikaten steht das Edle dem Schönen am nächsten. Nützlich wird etwas, ganz abgesehen von seinem Wert oder Unwert, lediglich durch seine Beziehung zu etwas Äusserem, zu einem Zusammenhang von Dingen, der dadurch gefördert wird.[1]) Das Gute verdient an sich Beifall, aber doch nur insofern,

---

[1]) Ganz so, wie es schon in der Abhandlung von 1785 dargestellt war.

als es vermöge seiner inneren Eigenschaften imstande ist, nützlich zu werden. Das Edle allein trägt seinen Wert in sich selbst. Beim Menschen ist es die innere Seelenwürde, die man auch als Schönheit der Seele bezeichnen kann. Die äussere Schönheit ist ein Abglanz dieser inneren. Zwar ist damit der Begriff der Schönheit nicht erschöpft, und es gibt neben der edlen Schönheit auch eine leidenschaftliche. Aber auch diese hat ja einen seelischen Zustand zur Voraussetzung, und so kann in der That schon hier (S. 7, Z. 8 ff.) von der Nachahmung des Schönen gesagt werden: der Künstler müsste 'seinen Begriff davon notwendig aus sich herausbilden und ausser sich darzustellen suchen, indem er nehmlich die Gesichtszüge nicht geradezu nachbildete, sondern sie gleichsam nur zu Hülfe nähme, um die in sich empfundne Seelenschönheit eines fremden Wesens auch ausser sich wieder darzustellen'. Also im Reiche des Schönen ist ebenso wie im Gebiete des Sittlichen das Nachahmen nicht ein äusserliches, sklavisches Nachbilden; hier wie dort ist das sogenannte Vorbild nur der äussere, sinnliche und oft schwache Ausdruck einer Vollkommenheit, die ihrerseits den eigentlichen Gegenstand der Nacheiferung bildet. Der Unterschied liegt nur darin, dass wir 'bei der Nachahmung des Guten in uns hinein, bei der Nachahmung des Schönen aus uns herauszubilden' streben.

Es mag an der Art der Abfassung, an der stückweisen Absendung des Manuskriptes liegen, dass dieses wichtige Ergebnis hier nicht weiter ausgeführt, die Untersuchung vielmehr wieder aufgenommen wird mit der schon (S. 5 ff.) entwickelten Begriffsverschiedenheit der nützlichen, guten, schönen und edlen Handlung. Aber hier werden die Begriffe in ihren feineren Abstufungen verfolgt, so dass nicht eigentlich eine Wiederholung vorliegt.

Nützlich wird eine Handlung nur wegen ihrer Folgen genannt, gleichviel aus welchen Motiven sie unternommen ist. Für eine gute Handlung kommen ausser den Folgen auch die Beweggründe in Betracht. Bei dem Edlen allein sind nur die Beweggründe massgebend. Diese Begriffsunterscheidung ist, wie (S. 8 u. 9) an Beispielen gezeigt wird, mit dem Sprachgebrauch in Übereinstimmung. Eine Handlung, welche nach ihrer Entstehung als edel bezeichnet wird, kann nun schön genannt werden, wenn man ihre Wirkung in Betracht zieht und die Art, wie sie in Erscheinung tritt. Diese Verwandtschaft des Edlen mit dem Schönen wird im folgenden verwertet, um aus der klaren Vorstellung des Edlen für die Begriffsbestimmung des Schönen Gewinn zu ziehen. Wie das Edle, so braucht auch das Schöne nicht nützlich zu sein. Der Satz war schon in dem Aufsatze von 1785 bewiesen und konnte auch an dieser Stelle ganz einfach hergeleitet werden.

Statt dessen wird (S. 9 u. 10) ein 'Ideenspiel' vorgeführt, das zur Spielerei ausartet und schliesslich nur durch einen Fehler zur Erläuterung des an sich richtigen Satzes dienen kann. Dem Nützlichen, Guten und Edlen oder Schönen werden als Gegensätze das Unnütze, Schlechte und Unedle gegenübergestellt. Alle diese Begriffe sollen nun einen Zirkel bilden, so dass je zwei, die in der einen Richtung am weitesten voneinander entfernt sind, in der anderen Richtung sich am nächsten stehen, wie das etwa folgende Figur veranschaulichen mag.

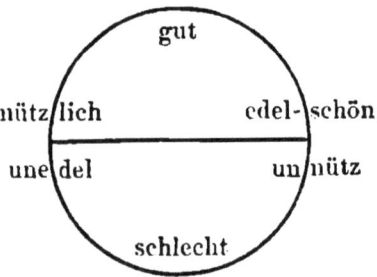

Demnach würde, und darauf kommt es am meisten an, das Edle sich mit dem Unnützen berühren, obwohl es in der Wertschätzung ihm am fernsten steht. — Es

ist klar, dass hier ein doppeltes Spiel mit dem Worte
'unnütz' getrieben wird. Während es nämlich einerseits
mit 'schädlich' gleichbedeutend ist, bezieht es sich andererseits nur auf das Ethisch-Indifferente. Wenn es (S. 9,
Z. 24 ff.) heisst: 'Nun steigen die Begriffe von unedel, schlecht
und unnütz ebenso herab, wie die Begriffe von nützlich,
gut und unedel heraufsteigen, so hat diese Stufenleiter
nur einen Sinn, sobald unnütz so viel wie schädlich bedeutet. Das ist aber nicht derselbe Begriff, von dem
gleich darauf (S. 10, Z. 24 ff.) gesagt wird: insofern es —
Unnütze — gar keinen Zweck ausser sich hat, warum
das es da ist, schliesst es sich am willigsten und nächsten
dem Begriff des Schönen an.

So mangelhaft die Herleitung ist[1]), zu der Moritz
sich durch seine alte Vorliebe für Begriffsspaltungen verleiten liess, so richtig ist doch das Ergebnis selbst, dass
nämlich das Schöne sich mit dem Unnützen berührt,
d. h. nicht nützlich zu sein braucht, und dass es überhaupt von dem Nützlichen so scharf wie möglich zu
unterscheiden ist. Was aber ohne nützlich zu sein
gefällt, muss in sich selbst vollkommen sein. Denn entweder hat etwas seinen Wert dadurch, dass es als Teil
den Zusammenhang eines Ganzen fördert, wie das Nütz-

---

[1]) Angreifbar ist z. B. der Satz (S. 9, Z. 20 ff.): 'Wie das
bloss Nützliche deswegen noch nicht gut ist, so ist auch das bloss
Schlechte deswegen noch nicht unnütz.' Man müsste erwarten:
'so ist auch das bloss Unnütze nicht schlecht.' Moritz schwebte
hier wohl das oben dargestellte Bild des Zirkels vor, wozu
allerdings sein Satz passt. — Ein Schreibfehler liegt wahrscheinlich in dem Satze (S. 9, Z 25 f.) vor: 'Von den heraufsteigenden Begriffen steht das Edle und Schöne auf der niedrigsten Stufe'; wo
man 'auf der höchsten Stufe' erwarten könnte. Das in Weimar
befindliche Exemplar der Abhandlung trägt auch an dieser
Stelle, am Rande der Zeile, in welcher 'niedrigste Stufe' steht,
die Bemerkung höchste, wohl von der Hand Goethes. — Von
einer Verbesserung im Text ist indessen abgesehen, weil doch
die Möglichkeit nicht ausgeschlossen ist, dass Moritz aus irgend
einer Vorstellung heraus mit Absicht 'niedrigste Stufe'
geschrieben hat.

liche, oder es ist selbst ein für sich bestehendes Ganzes und gefällt, weil es in sich vollendet ist, wie das Schöne (S. 12). Soweit war der Begriff des Schönen ganz in derselben Weise schon in dem Aufsatze der Berlinischen Monatsschrift bestimmt. Eine wichtige und nötige Erweiterung fügt Moritz der Definition jetzt hinzu: Das Schöne muss ein solches für sich bestehendes Ganzes sein, welches in unsere Sinne fallen oder von unserer Einbildungskraft umspannt werden kann. (S. 13, Z. 2 ff.) Hierdurch wird die Untersuchung von der 'schönen Handlung' zugleich auf das Schöne überhaupt ausgedehnt. Dem Schönen schreiben die Empfindungswerkzeuge das Mass vor. Daher würde der Zusammenhang der ganzen Natur 'auch für uns das höchste Schöne sein, wenn derselbe nur einen Augenblick von unserer Einbildungskraft umfasst werden könnte.'[1]) Jedenfalls ist das Universum doch das einzige, in sich vollendete Ganze. Deshalb muss der Künstler immer die Natur überhaupt nachahmen, wenn seine Darstellung sich auch an Einzelnes in der Natur knüpft. — Für die dramatische Kunst hatte Lessing gelegentlich diesen Gedanken

---

[1]) Hier und in den folgenden Seiten wird Moritz durch Reminiscenzen an Lessing und Mendelssohn geleitet. Beinahe wörtlich klingt die Darstellung an eine Stelle in Mendelssohns 'Briefen über die Empfindung' an. Dort ist von dem bekannten Grundsatze des Aristoteles über das Mass des Schönen die Rede. Es heisst dann: 'Die ganze Welt muss nach diesem Grundsatze aufhören schön zu sein, und wer will das behaupten? Allein dieses unermessliche All ist für uns kein sichtbar schöner Gegenstand. Nichts verdient diesen Namen, das nicht auf einmal in unsere Sinne fällt . . . . . Schön im eigentlichen Verstande können wir das Weltgebäude nur nennen, wenn die Einbildungskraft seine Hauptteile in einem so vortrefflichen Ebenmasse ordnet, wie Vernunft und Wahrheit lehren, dass sie ausser uns geordnet seien'. — Man vergleiche ferner 'Hamburger Dramaturgie' 70. Stück: 'Nach dieser unendlichen Mannigfaltigkeit ist sie — die Natur — nur ein Schauspiel für einen unendlichen Geist. Um endliche Geister an dem Genusse derselben Anteil nehmen zu lassen, mussten diese das Vermögen erhalten, ihr Schranken zu geben, die sie nicht hat.'

ausgeführt: 'Der Dichter soll ein Ganzes machen, das völlig sich rundet.' 'Das Ganze dieses sterblichen Schöpfers sollte ein Schattenriss von dem Ganzen des ewigen Schöpfers sein.' [1]) Ganz ähnlich sagt Moritz u. a.: 'Jedes schöne Ganze aus der Hand des bildenden Künstlers ist daher im kleinen ein Abdruck des höchsten Schönen im grossen Ganzen der Natur.'

Der Kunst fällt somit die hohe Bestimmung zu, die Natur in ihren Einzelschöpfungen gewissermassen zu übertreffen. Aber nur wenigen bevorzugten Geistern ist der Sinn für das Schöne so 'in Aug und Seele gedrückt', dass sie es, aus sich herausbildend, auf ihr Werk übertragen können. Die Darstellung erhebt sich hier von der trockenen Begriffszergliederung zu rhetorischem Schwunge, um das beneidenswerte Los des Künstlers zu schildern, der sich mit der Natur so innig verwebt fühlt (S. 14 u. 15).

Ein eigener Sinn muss dem Künstler verliehen sein, den er mit keinem anderen Sterblichen teilt. Aber welcher Art ist dieser Sinn, und wo liegen die letzten Quellen des Kunstgenies? Denkkraft und Vorstellungsvermögen können auch in ihrer höchsten Ausbildung die Bedingungen künstlerischen Schaffens nicht erfüllen. Deshalb hat die Natur den Sinn für das höchste Schöne unmittelbar in die Thatkraft gepflanzt. Diese ist schon an und für sich umfassender als Denk- und Einbildungskraft, weil in ihr Begriffe und Vorstellungen nur in ihren Anfängen und Anlässen liegen, und sich daher weniger verdrängen, als da wo sie klar und vollständig sind. [2]) Besonders weit muss

---

1) Hamburger Dramaturgie 72. Stück; in der Ausgabe von Schröter und Thiele wird an der betreffenden Stelle auf Moritz hingewiesen.

2) Hier stellt sich Moritz auf einen Standpunkt, welcher der Leibnitzschen Philosophie besonders nahe kommt. Schon die Annahme eines Organs, welches das ganze Universum 'wiederspiegelt', erinnert an die Monadenlehre. Die psychologische Voraussetzung, welche hier gemacht wird, dass nämlich die Vorstellungen aus dunkeln Anlässen und Anfängen entstehen, stimmt mit der Lehre von der Perzeption bei Leibnitz überein.

aber die thätige Kraft bei dem bildenden Genie sein, nämlich so weit wie die Natur selbst (S. 17).

Hieraus fliessen eine Reihe von Bemerkungen über Natur und Wesen der künstlerischen Darstellung, die zwar ganz allgemein gehalten sind, aber im Grunde doch eine genaue Schilderung der künstlerischen Individualität Goethes bilden. Es ist nicht zufällig, dass Goethe gerade diesen Teil der Abhandlung in die 'Italienische Reise' aufgenommen hat.

Die Thatkraft des Genies, welche die Schönheit der ganzen Natur umspannt, kann nicht eher Ruhe finden, 'nicht eher ins Gleichgewicht kommen', als bis sie einen Abglanz des höchsten Schönen übertragen hat, und zwar je nach ihrer Individualität auf einen sichtbaren, hörbaren, oder doch der Einbildungskraft fassbaren Gegenstand. Aber der Genuss des Schönen ist abgeschwächt, sobald es in die Erscheinung getreten ist. Jener unnennbare Reiz, welcher das schaffende Genie zu immerwährender Bildung treibt, wirkt nie mehr so mächtig in ihm, wie in dem ersten Augenblick des Entstehens, 'wo das Werk als schon vollendet, durch alle Grade seines allmählichen Werdens, in dunkler Ahnung vor die Seele tritt'. Der Genuss aber, den wir selbst einem fremden Kunstwerk gegenüber empfinden, ist erst recht nicht zu vergleichen mit dem Reiz des künstlerischen Schaffens. Das Werk hat eben schon im Werden seinen höchsten Zweck erfüllt, und alle über dasselbe hinausgehenden Wirkungen sind nur eine untergeordnete Aufgabe der Kunst. Der Künstler 'ist zuerst um sein selbst und dann erst um unsretwillen da' (S. 19, Z. 22).

Aber wenn auch das Vergnügen im Genusse des Schönen nicht der Zweck der Kunst ist oder sein darf, so ist es doch eine Wirkung derselben. Denn die gütige Natur, die nur wenige mit Bildungskraft ausstattet, hat doch vielen Empfindungsfähigkeit oder Geschmack verliehen. Ja, das feine Gefühl für das Schöne kann so sehr gesteigert werden, dass es s c h e i n b a r von der wahren Bildungskraft sich nur wenig unterscheidet. Es bleibt indessen immer wesentlich davon verschieden, und niemals kann Geschmack in Bildungskraft übergehen. Selbst mit dem feinsten Gefühl für das Schöne lässt sich ohne wahre Bildungskraft kein Kunstwerk schaffen, kein in sich vollendetes Ganzes, und der kleinste Punkt, der an der Vollendung fehlt, macht das Ganze wertlos; das Werk fällt unter das Unnütze herab.[1]) Aber selbst wenn einmal wahre Bildungskraft ein Werk schafft, welches nicht ganz in sich vollendet ist, so schadet auch hier 'der letzte, zu seiner Vollständigkeit fehlende Punkt so viel, als tausend.' (S. 21, Z. 1.)

Ganz natürlich ist es, dass das Empfindungsvermögen zuweilen sich selbst überschätzt und die unübersteiglichen Grenzen missachtet, die es von der Bildungskraft trennen. Der erste misslungene Versuch, den Darstellungstrieb zu bethätigen, darf auch durchaus nicht abschrecken, da selbst der wahre Darstellungstrieb nicht immer gleich die richtigen Bahnen findet. Aber es gibt ein untrügliches Kriterium: behält das Schöne in seiner Hervorbringung. selbst nach Hinwegdenkung jeder Wirkung seinen Reiz, so ist der Darstellungstrieb rein und echt. Wer sich dagegen von Gesichtspunkten leiten lässt, die über sein Werk hinausführen, der ist von falschem Darstellungstrieb beseelt und muss auf jede Ausübung der Kunst verzichten. Dieser harte Kampf und die Entsagung, welche bei allem Leid einen eigenartigen Genuss bereitet, wird mit der Wahrheit geschildert, welche die Darstellung des Selbsterlebten auszuzeichnen pflegt. Mit Recht sagt Rehberg, der Kritiker in der Allgemeinen Litteraturzeitung (22. Mai 1789): 'Diese ganze Vergleichung des Geschmackes mit dem Genie und einige weiterhin folgenden Betrachtungen über den Geschmack sind von der lebhaftesten und tiefsten

---

[1]) Die in diesen Sätzen liegende strenge Abweisung alles Kunstdilettantismus war es, welche Knebel später so verletzte, dass er seine 'Existenz für zerstört' hielt.

Empfindung eingegeben, und eine der schönsten Stellen in irgend einer deutschen Schrift.' Der systematische Teil der Abhandlung ist hier zu Ende. Der Begriff von der bildenden Nachahmung des Schönen ist bestimmt, das Wesen der Kunst beleuchtet und scharf abgegrenzt. Es werden im letzten Teile nur noch Reflexionen angeknüpft, welche mehr eine Verteidigung, als eine Begründung des ästhetischen Standpunktes bezwecken. Verdient die Kunst den hohen Wert, da sie nicht zur Erreichung sittlicher Wirkungen, sondern um ihrer selbst willen da ist? Ferner: wodurch können wir uns am besten zum Genuss der Kunst vorbereiten? Kurz, es sind mehr untergeordnete Fragen, die noch zu erörtern sind. Leider verliert nun die Darstellung mit dem Punkte, an welchem sie aufhört, systematisch ein Ziel zu verfolgen, auch die Schärfe und Klarheit, welche sie bis dahin auszeichnet. Über den Schluss der Abhandlung braucht daher nicht ausführlich berichtet zu werden. Auch die zeitgenössischen Rezensenten schliessen zumeist schon an dieser Stelle ihren Bericht, indem sie daran verzweifeln, den wesentlichen Gedankeninhalt des letzten Teiles wiederzugeben. Der Kritiker in der Allgemeinen deutschen Bibliothek ruft aus: 'Ist es Ermüdung des Lesers oder Verflechtung des Verfassers in ein Labyrinth, wenn der Schluss der Abhandlung minder fein durchdachte und minder deutlich gefasste Vorstellungen zu enthalten und etwas verworren gedacht und vorgetragen zu sein scheint?' Die Wahrheit ist, dass Moritz der Versuchung nicht widerstehen konnte, auch hier seine alten Lieblingsideen von Zerstörung, Tod, Aufopferung u. s. f., über die er schon im 'Reiser' spricht, mit einzuflechten, und wohl auch Ansichten aus Herders 'Ideen'. die er in Italien las, mit aufzunehmen.[1]) Daher kommt es, dass die wenigen

---

[1]) Von den Zeitgenossen, die über die Schrift urteilen, ist es Charlotte von Lengefeld, eine eifrige Leserin Moritzscher Schriften, welche herausfindet, dass hier alte Lieblingsideen von Moritz ausgeführt werden. Vergl. Schiller und Lotte, hrsg. von Fielitz 1, 228.

wichtigen Gedanken, die noch in dem Schluss enthalten sind, sich schwer von dem nicht streng zur Sache gehörigen trennen lassen. Selbst Goethe, der gewiss am besten wusste, worauf es Moritz ankam, berichtet über den ganzen letzten Teil mit wenigen Sätzen, die er aus dem Schluss der Abhandlung heraushebt.[1] Wir werden Moritz am ehesten gerecht werden, wenn wir diese Sätze, die in der That die wichtigsten aus dem letzten Teile sind, hier folgen lassen:

'Die bloss thätige Kraft kann ohne eigentliche Empfindungskraft, wovon sie nur die Grundlage ist, für sich stattfinden. Dann wirkt sie zur Zerstörung.

Was uns allein für den wahren Genuss des Schönen bilden kann, ist das, wodurch das Schöne selbst entstand: ruhige Betrachtung der Natur und Kunst als eines einzigen grossen Ganzen. Denn was die Vorwelt hervorgebracht, ist nun mit der Natur verbunden und eins geworden, und soll mit ihr vereint harmonisch auf uns wirken. Diese Betrachtung muss so ruhig und selbst wieder Genuss sein, und ihren Endzweck desto sicherer erreichen, indem er keinen anderen Zweck ausser sich zu haben scheint.

Auf diese Weise entstand zuerst das Schöne ohne Rücksicht auf Nutzen, ja ohne Rücksicht auf Schaden, den es stiften konnte.

Wir nennen eine unvollkommene Sache nur dann schädlich, wenn eine Vollkommenheit darunter leidet; wir sagen so wenig, dass die Tierwelt der Pflanzenwelt schädlich sei, als wir sagen, die Menschheit sei der Tierwelt schädlich, ob sie sich gleich von oben hinunter aufzehren.

Wenn wir nun durch alle Stufen hinaufsteigen, so finden wir das Schöne auf dem Gipfel aller Dinge, das wie eine Gottheit beglückt und elend macht, nützt und

---

[1] In der weiter unten besprochenen Rezension im Merkur.

schadet, ohne dass wir sie deswegen zur Rechenschaft ziehen können noch dürfen.'

Man sieht, dass auch die Gedanken, welche Goethe noch aus dem Schluss heraushebt, zu der eigentlichen Lösung der Aufgabe nicht mehr streng gehören. Die **wesentlichen** Ergebnisse der Schrift lassen sich kurz in folgender Weise zusammenfassen: Gegenstand der Kunst ist die Nachahmung des Schönen. Das Schöne muss ein in sich vollendetes Ganzes sein, welches als solches sinnlich wahrnehmbar ist. **Gegenstände der Natur** sind daher **nicht schön**, weil sie nicht in sich vollendet sind, das **Universum** selbst ist **nicht schön**, weil es nicht von der Einbildungskraft umspannt werden kann. Die küntlerische Nachahmung wird überhaupt nur dadurch möglich, dass einigen bevorzugten Individuen ein feines Organ verliehen ist, mit welchem sie die für die Einbildungskraft nicht fassbare Schönheit der ganzen Natur in ihre Thatkraft aufnehmen und aus sich herauszubilden vermögen. Der Künstler findet demnach in der Natur keine Vorbilder, die er getreu nachzubilden hat; sein Vorbild liegt vielmehr in ihm, und er überträgt es auf sinnlich wahrnehmbare Gegenstände, die seiner Individualität angemessen sind. — Diese künstlerische Thatkraft ist eine angeborene Gabe, die durch keine noch so hohe Ausbildung des Geschmackes erworben werden kann.

Die Geschichte der Ästhetik hatte noch keinen Versuch aufzuweisen, der die Bedingungen dieser Wissenschaft so vollständig erfüllte. Um die schönen Künste zusammenzufassen, war ein gemeinsamer Ausdruck gefunden, eine Formel aus Begriffen hergeleitet, streng und allgemein, aber doch so, dass eine Anwendung auf die einzelnen Künste leicht möglich ist. Um die Quelle des Kunstgenies aufzudecken, war die Künstlerseele in ihren Tiefen so scharf beleuchtet, dass zugleich die Wege, welche der Darstellungstrieb nehmen muss, leicht zu verfolgen sind. Gegenstand der Untersuchung war die Kunst überhaupt, und doch ergeben sich in fruchtbarer Fülle Anwendungen auf das Einzelne, und insbesondere Regeln für die Abmessung des Kunstwertes. Diese Regeln sind allerdings streng und abweisend, und das musste der Schrift unter den wenigen, die sich durch die Schwierigkeiten derselben hindurchwanden, noch Gegner verschaffen.

Der Erste, welcher nach Goethe die Abhandlung kennen lernte, war Herder. Diesem las sie Moritz noch in Rom im Manuskript vor. Der Unmut, welchen Herder in den ersten Monaten seines römischen Aufenthaltes gegen Goethe empfand, mag sein Urteil beeinflusst haben. Denn es konnte ihm nicht entgehen, dass das Ideal einer Künstlerseele, welches der Schrift vorschwebte, gerade in Goethe verwirklicht war. Vielleicht verletzte Moritz auch durch seine mündlichen Erläuterungen die Empfindlichkeit Herders. Es scheint, dass er diesem doch nicht den reinen, echten Kunsttrieb im Sinne seiner Abhandlung zuerkannte.[1]) Denn in einem Briefe an die Gattin, schrieb Herder später, indem er die Ausdrucksweise der Moritzschen Schrift persifflierte: 'Gott sei Lob und Dank, dass er mich nicht zu einem so hellstrahlenden Spiegel des Universums gemacht hat; ich mag gerne eine dunkle Scherbe bleiben.' Das einzige zusammenfassende Urteil über die Schrift, welches wir von Herder besitzen, lautet denn auch absprechend genug. Es befindet sich in einem Briefe an seine Gattin: 'Moritzens Abhandlung ist ein verwirrtes Ding, und ich wundere mich, wie auch Du so viel Geschmack daran hast finden können. Für mich lesen konnt' ich sie ganz und gar nicht, und als er sie mir vorlas, sagte ich ihm, bei vielem einzelnen Guten, das daran ist, sei sie für mich ungeniessbar. Sie liess eine unangenehme Empfindung in mir zurück, und der

---

[1]) Nach einer brieflichen Äusserung Schillers liess Moritz reilich gerade Herder neben Goethe allenfalls als Dichter gelten.

Werth, den er aus Goethes Munde darauf setzte, war mir zwar erklärlich, weil es ein Kleid ist, auf Goethe gepasst und gemacht, aber desto mehr beinahe beleidigend.' Freilich ist hierbei zu bedenken, dass Herder dieses Urteil schrieb, nachdem er durch die Mitteilungen seiner Gattin über das Wesen, welches man in Weimar mit Moritz trieb, in eine von Brief zu Brief gesteigerte Empfindlichkeit geraten war.

Während Moritz als Gast Goethes im Winter 1788/89 in Weimar lebte, bildete seine eben erschienene Schrift das tägliche Gespräch in den Weimarer Kreisen. Man hielt Moritz für einen Propheten Goethes, seine Schrift für eine Apotheose des Dichters. Danach nahm man auch zum Teil seine Stellung; besonders die Frauen, die 'Moritz sehr in Affektion genommen, denen er allerlei Lichter aufsteckte'.[1]) Frau von Stein, der Goethe eben einen tiefen Schmerz bereitet hatte, war mit der Abhandlung nicht zufrieden. In Moritzens Abhandlung ist 'die Moral am unbegreiflichsten gewesen, dass das Individuum ins Ganze übergehen muss etc.'[2]) Herders Gattin gehörte zu den wärmsten Verehrerinnen Moritzens. Seine Abhandlung gab ihr 'einen Totalbegriff für die Kunst'. Sie ist ihr 'ein grosses Licht geworden, ein Massstab für das Beste'. Ihr Urteil teilt sie dem Gatten mit: 'Die ersten Entwickelungen über nützlich, gut, schön und edel dünken mich sehr wahr, und das Übrige von der Bildungskraft ist mir auch einleuchtend, sowie ich das Folgende alles als wahr und vortrefflich empfunden habe, wenn es mir schon nicht völlig klar geworden ist.' Sie fertigt sich eine Abschrift an, um sich den Inhalt mehr einzuprägen, und über dunkle Stellen klärt Goethe sie auf. Nicht ganz deutlich ist der Sinn in folgender Bemerkung, die sie ihrem Gatten mitteilt: 'In Moritzens Abhandlung hat Goethe das Wort nützt in meinem

---

[1]) Goethe an Herder. Aus Herders Nachlass 1, 102.
[2]) Herders Briefwechsel mit seiner Gattin S. 254.

letzten Gespräche hierüber in **dient** verwandelt; dies dünkt mich noch viel richtiger.' Auf eine bestimmte Stelle der Abhandlung scheint sich diese Verbesserung nicht zu beziehen. Wahrscheinlich führte Goethe erläuternd den Gedanken aus, dass die Kunst wohl **nützen** könne, aber nicht im **Dienste** der Moral stehe. Übrigens gab Karoline Herder nach den absprechenden Äusserungen ihres Gatten bald ihre Verehrung für Moritz auf, die nur 'noch ein Rest von Mystik' in ihr gewesen wäre. Zu den Gegnern der Abhandlung gehörte Knebel, der Moritz übrigens persönlich geneigt war. Durch die strengen Anforderungen, welche Moritz an die Kunst stellte, fühlte Knebel, wie schon erwähnt, 'seine Existenz zerstört'. Er trug Goethe und Moritz seine Zweifel vor, wurde aber schon entwaffnet, als ihm Goethe einen nur wörtlichen Auszug aus der Schrift übersandte.[1]) Seine

---

[1]) Karoline Herder schreibt: 'Knebel hat ein so grosses Maul gegen Moritzens Abhandlung gehabt, und da Goethe einen nur wörtlichen Auszug gemacht und ihm gegeben hat, da fand er es ganz vortrefflich, golden und verständlich, und es waren Moritzens eigene Worte und Zeilen.' (Herders Briefwechsel mit seiner Gattin, S. 339.) Der Auszug, von welchem hier die Rede ist, muss derselbe sein, von welchem Karoline schreibt (ebenda S. 242): 'Goethe zeigt Moritzens Abhandlung in der Literaturzeitung an und hat einen Auszug davon gemacht, den er Knebeln **gestern** gegeben hat.' (6. Februar 1789.) Hiermit vergleiche man das bisher immer noch nicht richtig verstandene Billet Nr. 173 aus Goethes Briefwechsel mit Knebel: 'Hier Moritz's Ideen über die Bildung des Schönen, zusammengerückt und mit einem Köpfchen und Schwänzchen versehen, wie es wohl als Rezension in der Literaturzeitung passen möchte. Schicke mir's morgen früh zurück und sage mir Deine Meinung.' Demnach ist das undatierte Billet, welches der Herausgeber des Briefwechsels um mehrere Jahre zu spät und Guhrauer (im Deutschen Museum 1852 Nr. 4) annähernd richtig datiert, genau am 5. Februar 1789 geschrieben, was bei einer Neuausgabe des Goethe-Knebelschen Briefwechsels zu berücksichtigen ist. — Obwohl Karoline und Goethe davon sprechen, dass der Auszug für die Litteraturzeitung bestimmt ist, so kann doch kein Zweifel sein, dass es derselbe ist, welchen Goethe im Merkur veröffentlichte. Denn die Charakteristik — 'mit einem

Hauptbedenken waren, nach einem Billet an Herder zu urteilen, dass das Schöne der Kunst und das Schöne der Natur wesentlich verschiedene Vollkommenheiten seien. Was er darüber an Herder schreibt und in einem nachgelassenen Aufsatze über das Schöne sagt, ist unbedeutend.[1]) In dem Streite zwischen Knebel und Moritz verteidigte Schiller die Abhandlung. 'Ich muss nun zuweilen für seine Ideen fechten, ob sie gleich nicht alle die meinigen sind,' schreibt er an Charlotte und Karoline. Niemand beurteilte Moritz überhaupt unparteiischer, als Schiller.[2]) Die Kritiken über 'Kabale und Liebe' hatte der Dichter längst verziehen. Schon vor Jahren war in Gohlis bei Leipzig eine förmliche Versöhnung gefeiert worden. Als Moritz nun, in seinem Wesen vertieft und geläutert, aus Italien zurückkehrte, fühlte sich Schiller um so mehr angezogen, da sie mancherlei Berührungspunkte in ihren philosophischen Ideen fanden. Charlotte und Karoline, die seit Jahren eine Vorliebe für den 'Reiser' hatten und Leser des Magazins waren, ermunterten Schiller noch mehr, sich an Moritz anzuschliessen, der auch seinerseits seine zur Zeit nicht einflusslose Stimme in Weimar für den Dichter erhob. Die Abhandlung über die bildende Nachahmung las Schiller erst im Jahre 1789, nachdem er über den Inhalt schon

---

Köpfchen und einem Schwänzchen versehen' passt auf die Rezension im Merkur. Goethe beabsichtigte eben anfangs, seine Rezension in der Litteraturzeitung zu veröffentlichen, und überliess sie dann aus irgend einem Grunde dem 'Merkur', vielleicht weil inzwischen Rehberg eine Anzeige der Moritz'schen Schrift der Litteraturzeitung übergeben hatte. Aus dem Gesagten ergibt sich, dass die Bemerkungen, welche Geiger an den Moritz'schen Brief im 2. Bande des Goethe-Jahrbuchs knüpft, auf falschen Voraussetzungen beruhen.

[1]) Fielitz, Schiller und Lotte 1, 226. Schiller spricht sich abfällig über Knebels Aufsatz aus.

[2]) Dass Moritz das kühle Verhältnis zwischen Goethe und Schiller verschuldet, ist schon an einer anderen Stelle von dem Herausgeber als Mythe bezeichnet worden.

zuvor mit dem Verfasser gesprochen hatte. Nach der ersten ausdrücklich als flüchtig bezeichneten Lektüre urteilt Schiller: 'Es ist schwer zu verstehen, weil er keine feste Sprache hat, und sich mitten auf dem Wege philosophischer Abstraktion in Bildersprache verirrt, zudem auch einzelne Begriffe mit anders verstandenen Wörtern verbindet. Aber es ist vollgedrängt von Gedanken, und nur zu vollgedrängt; denn ohne einen Kommentar wird er nicht verstanden werden. Von Schwärmerei ist er darin nicht frei, und Herdersche Gedanken sind sehr darin sichtbar. Was mir und einem jeden Schriftsteller darin missfallen muss, ist die übertriebene Behauptung, dass ein Produkt aus dem Reiche des Schönen ein vollendetes, rundes Ganze sein müsse. Fehlte nur ein einziger Radius zu diesem Zirkel, so sinke er unter das Unnütze herunter. Nach diesem Ausspruche haben wir kein einziges vollendetes Werk und so bald auch keines zu erwarten.' Schiller liess es nicht bei der ersten Lektüre bewenden. Am 25. Februar schrieb er an Karoline: 'Es ist ein wenig viel von dem Leser verlangt, in ein Paar Stunden aus einem Buche herauszufinden, was der Verfasser in drei Jahren hineingelegt hat. Knebel, der fleissig genug mit Moritz umgegangen ist, versteht noch nicht, was er meint; ich, der noch nicht bekannt genug mit dem Buche ist, habe ihm neulich Aufschlüsse geben müssen, die mir aus einem Gespräch mit Moritz noch erinnerlich waren. Ich habe die Bogen nun Körnern geschickt, und will hören, was der sagt. Kunstkritik ist eigentlich das rechte Fach für meinen Freund Körner. Ich denke, das Buch soll ihm Vergnügen machen.' [1])

Aus einer späteren Zeit besitzen wir von Schiller ein Urteil über die Abhandlung, welche mehr ins Einzelne eingeht. In seinen Vorlesungen über Ästhetik trug Schiller seinen Schülern Moritz' System vor. Nach dem

---

[1]) Körners Bemerkung zu der Abhandlung siehe Briefwechsel mit Schiller 2, 452.

darüber veröffentlichten Berichte (Goedeke WW. 10, S. 51 f.) hielt er den ersten Teil, welcher die Begriffsbestimmung des Schönen gibt, für annehmbar. 'Bis hierher kann man Moritz recht geben. Allein nachher verwechselt er die Wirkungen der Vernunft mit den Wirkungen der Gegenstände, das Ganze der Natur mit dem Ganzen der Vernunft, welche allerdings immer auf Einheit ausgeht.' Trotz des unvollständigen Berichtes kann man doch erkennen, an welcher Stelle Schiller durch Kants 'Kritik der Urteilskraft' von Moritz abgelenkt wurde. Allein die Abhandlung von Moritz war das erste System der Ästhetik, welches Schiller kennen lernte, und der Einfluss der Schrift lässt sich daher auch in den Arbeiten Schillers nicht verkennen, welche nach dem Studium Kants verfasst sind.

Bei der Verfolgung dieser Spuren darf man freilich nicht ausser acht lassen, dass Schiller überhaupt nicht imstande war, einen fremden Gedanken, oder gar ein ganzes System unorganisch sich anzueignen. Selbst die Ideen der Kantischen Vernunftskritik und der 'Kritik der Urteilskraft' hat Schiller so in sich verarbeitet, dass sie in seinen Schriften in einer eigenartigen, durchaus das Gepräge seiner geistigen Individualität tragenden Gestalt auftreten. Für Moritz, der ihn früher, aber weniger mächtig anregte, gilt das noch viel mehr. So kann man z. B. die Betonung und die weitere Ausführung des Gedankens, dass das Moralisch-Gute nicht der Zweck der Kunst sei, wo er bei Schiller auftritt, mit Moritz in Verbindung bringen. Aber das sittliche Prinzip spielt bei Schiller eine zu grosse Rolle, als dass er den Gedanken so rücksichtslos annehmen soll, wie ihn Moritz ausgesprochen hatte. Die Briefe 'über ästhetische Erziehung', welche man mit Unrecht für eine blosse Ausführung Kantischer Gedanken hält, bilden den Versuch, die Kunst indirekt mit der Moral in Beziehung zu setzen, ohne den selbständigen, in sich gegründeten Wert des Schönen aufzuheben.

Im Anschluss an eine Briefstelle Schillers haben einige nicht mit Unrecht einen Zusammenhang zwischen Moritz und dem Gedichte 'Die Künstler' von Schiller angenommen, aber ohne die bestehenden Ähnlichkeiten zu untersuchen. Schiller schreibt, dass 'das häufige Nachdenken über Schönheit und Kunst — im Anschluss an die Abhandlung — vielerlei entwickelt und auf die Künstler besonders einen glücklichen Einfluss gehabt.' Dieser Einfluss darf nun nicht überschätzt werden. Der Plan und selbst ein grösserer Teil des Gedichtes waren bereits vollendet, als Schiller die Abhandlung über die bildende Nachahmung las. Dazu kommt, dass d e r leitende Gedanke des Gedichtes dem Kernpunkte der Abhandlung direkt entgegengesetzt ist. Denn während die Hauptidee des Gedichtes, um Schillers eigene Worte an Körner zu gebrauchen, die 'Verhüllung der Wahrheit und Sittlichkeit in die Schönheit' bildet, so kommt es Moritz im Gegenteil darauf an, das Schöne von dem Wahren und Guten und allen anderen Vollkommenheiten möglichst zu trennen. Allerdings war in der ersten Fassung des Gedichtes der Gedanke, dass die Kunst 'die Dienerin einer höheren Kultur' sei, noch schärfer ausgeprägt, und Schiller hat Änderungen vorgenommen, um diese Auffassung wenigstens abzuschwächen. Er schreibt darüber in einem Briefe an Körner (9. Februar 1789), führt aber diese Änderungen auf ein Gespräch mit W i e l a n d zurück, der 'sehr weit von dieser Demut entfernt war, und alles, was wissenschaftliche Kultur in sich begreift, tief unter die Kunst' stellt. Dass indirekt Moritz und seine Schrift, die auch Wieland kannte, hierbei mitwirkten, ist in der That nicht unwahrscheinlich. Jedenfalls ist es ganz verständlich, dass die hohe Auffassung von der Kunst und die edle Sprache, in welcher sie Moritz vorträgt, Schillers Stimmung bei der Abfassung des Gedichts erhöht hat. Aber auch im einzelnen bestehen Ähnlichkeiten.

Die Sprache der Abhandlung dürfen wir z. B. in den Versen erkennen:

'Die schönere Natur warf in die Seelen
Sanft spiegelnd einen Wiederschein.'

Eine ungezwungene Beziehung zu der Moritzschen Schrift ergibt wohl auch die Stelle:

'Was die Natur auf ihrem grossen Gange
In weite Ferne auseinanderzieht,
Wird auf dem Schauplatz, im Gesange
Der Ordnung leicht gefasstes Glied.'

Doch ist diese Ansicht von dem Verhältnis des Naturganzen zu dem einzelnen Kunstwerk nicht bloss Moritz eigentümlich, sondern geht, wie erwähnt, auf Lessing zurück.

Zweifellos ist die Abhängigkeit von Moritz in der 2. Strophe:

'Das Kind der Schönheit, sich allein genug,
Vollendet schon aus eurer Hand gegangen,
Verliert die Krone, die es trug,
Sobald es Wirklichkeit empfangen.'

Der Grundgedanke der Schrift, dass nämlich das Schöne als das in sich Vollendete, keine Bestimmung ausser sich kenne, und seinen höchsten Zweck schon in seinem Entstehen erreicht habe, ist hier einfach in die poetische Sprache übertragen. Die Erklärung, welche Schiller (an Körner 2, 71) zu dieser Stelle des Gedichtes gibt, ist in ihrem ersten Teile ganz im Sinne und beinahe im Wortlaute der Moritzschen Schrift: 'Jedes Kunstwerk, jedes Werk der Schönheit ist ein Ganzes, und so lange es den Künstler beschäftigt, ist es sein eigener, einziger Zweck.' Die Fortsetzung dieser Erklärung zeigt allerdings wieder, wie viel Eigenes Schiller auch in diesen Gedanken hineingetragen hat.

So bedeutend und nachhaltig, wie in Weimar, war die Wirkung der Schrift im übrigen wohl nicht. Aber alle gelehrten Journale brachten doch eingehende Berichte, und selten hat wohl eine so kleine Abhandlung eine so grosse Beachtung gefunden. Die **Allgemeine Litteraturzeitung** brachte ihre — von Moritz ungeduldig erwartete — Rezension im Mai 1789 (Nr. 154 S. 417—421). Der Verfasser stand dem Weimarer Kreise nahe. Es war — wie sich u. a. aus dem Briefe Moritz' an Goethe im 2. Bande des Goethe-Jahrbuches ergibt — Rehberg, der auch zu Moritz persönliche Beziehungen unterhielt.[1] Die Berichterstattung wird durch lobende Bemerkungen über den Reichtum der Ideen, den Reiz des Vortrages u. s. w. eingeleitet und durch kritische Bemerkungen unterbrochen. Diese sind zwar nicht von besonderer Schärfe, treffen aber doch einige schwächeren Punkte der Abhandlung, z. B. das Begriffsspiel (S. 9 u. 10). Eine tadelnde Bemerkung über die am Schluss hervortretende Manier hat Campe später, aus dem Zusammenhang gerissen, in seiner Streitschrift gegen Moritz verwertet.[2]

Die Kritik Goethes erschien im Juli in Wielands **Teutschem Merkur** (1789. 3, 105—111). Es war, wie gesagt, der Auszug, den Goethe schon bei Moritzens Anwesenheit in Weimar gemacht hatte. Dem objektiven Bericht, dessen letzter Teil schon oben angeführt ist, fügte Goethe sein anerkennendes Urteil über Tiefe und Scharfsinn des Verfassers hinzu. Beachtenswert ist besonders eine Stelle: 'Er schrieb diese Blätter in Rom, in der Nähe so manches Schönen, das Natur und Kunst hervorbrachte; er schrieb **gleichsam aus der Seele und in die Seele des Künstlers.**' Der letzte Satz erhält eine besondere Beleuchtung, wenn man ihm eine

---

[1] Herders Briefwechsel mit seiner Gattin S. 241.
[2] Moritz, ein abgenötigter Beitrag zur Erfahrungsseelenkunde S. 18 und 19.

Bemerkung Herders aus einem Briefe an die Gattin gegenübergestellt. Herder schreibt: 'Moritzens Abhandlung ist ganz Goethesch; aus seiner in seine Seele.' Goethe las die Briefe, welche Herder aus Italien an Karoline schrieb. Gefiel ihm die Bemerkung Herders so gut, dass er sie sich wörtlich aneignete, oder war es eine unbewusste Erinnerung? — Zum Schlusse fordert Goethe den Verfasser auf, eine weitere Ausführung der vorgetragenen Sätze zu liefern, um sie mehreren Lesern anschaulich zu machen.

Aus einer etwas späteren Zeit, nämlich aus dem Jahre 1790, stammt eine Rezension in Nicolais **Allgemeiner Deutscher Bibliothek** (95, 453—456). Der Bericht ist, bis auf den letzten Teil, genau und eingehend, das Urteil lobend, ohne jedoch die wahre Bedeutung der Schrift zu würdigen. Eine Stelle sei hier angeführt: 'Die ganze Abhandlung ist ein Beweis von dem denkenden Kopfe und dem wahrlich nicht alltäglichen metaphysischen Scharfsinn ihres Verfassers. Es gibt wenige so genau und tief verfolgte Zergliederungen, oder vielmehr Zerspaltungen der Begriffe, als sie diese wenigen Bogen in Menge enthalten. Freilich wird daraus zuweilen, wie auch der Verfasser selbst gesteht, ein Ideenspiel, das aber immer sein Anziehendes für den Geist hat, und mit dem sich auch der ästhetische Philosoph gern beschäftigt, wenn es ihm auch mehr für den Augenblick unterhaltend, als zu fruchtbaren Resultaten beförderlich sein sollte.'

Am bequemsten macht es sich der Rezensent in den **Göttinger gelehrten Anzeigen** (62. St. 18. April 1789). Er verzweifelt an der Möglichkeit, 'aus einer Schrift, die von Anfang bis zu Ende nur eine Reihe von Schlüssen und Folgerungen ist, einen Auszug zu machen.' Er empfiehlt daher den Lesern die Schrift zu eigener Lektüre, als Probierstein des Scharfsinns. 'Denn in der That findet man bei jedem Schritt Gelegenheit, das Talent des Verfassers zu bewundern, selbst die kleinsten Nuancen der Ideen auszuspähen und in ihre kleinsten Unterschiede hineinzudringen.'

Eine in Joerdens Lexikon angeführte Kritik in der **Oberdeutschen Litteraturzeitung** (Bd. 2, St. 37) war dem Herausgeber nicht zugänglich. Einiges Interesse beansprucht von zeitgenössischen Urteilen über die Schrift noch die erwähnte Besprechung derselben in **Heydenreichs 'System der Ästhetik'** (S. 190 f.). Gegen die Begriffsbestimmung des Schönen, wie sie Moritz gibt, macht Heydenreich dieselben Einwendungen, welche er schon an seine Besprechung des Aufsatzes in der Berlinischen Monatsschrift geknüpft hatte. Für den wichtigsten Teil der Abhandlung, die Aufdeckung der Quellen und Wege des Kunstgenies, hat Heydenreich einen schweren Vorwurf. Er erklärt diese ganze Darstellung für metaphysisch. 'Woher weiss denn Herr Moritz, dass die Natur den Kunstgenien den Sinn für ihre Schöpfungskraft in ihr ganzes Wesen gelegt hat etc... In der That begreife ich nicht, auf welchem Wege man zu einer solchen Einsicht gelangen könne, wenn sich auch wirklich die Sache also verhielte .... Denkkraft konnte ihn nicht darauf — nämlich auf den Grund des Kunstschönen — leiten; sollte es vielleicht Schwärmerei gethan haben?' In der That hat Heydenreich den Punkt erspäht, auf welchen am leichtesten ein Angriff möglich ist. Moritz kann, um das Wesen der Kunst zu erklären, den Begriff des Absoluten, des Naturganzen, nicht entbehren, und deswegen dürfte seine Ästhetik nicht mit Unrecht eine **Metaphysik des Schönen** genannt werden. Aber wenn man die Aufgaben der Ästhetik so weit, oder richtiger so tief ausdehnt, wie es Moritz thut, sollte es da überhaupt ohne metaphysische Begriffe angehen? Heydenreich wendet die kritischen Waffen Kants gegen die Abhandlung; aber welche Ästhetik würde diesen Waffen gegenüber Stand halten?

Von dem kritischen Gesichtspunkte Kants aus kann die Berechtigung der ästhetischen Wissenschaft überhaupt mit ihren weitgehendsten Zielen bestritten werden; eine Widerlegung der wissenschaftlichen Ergebnisse ist damit, wie Heydenreich eigentlich auch zugibt, durchaus nicht geleistet.

Der allzu rasche Tod hat Moritz verhindert, sein ausführliches System der Ästhetik zu veröffentlichen, an dem er die letzten Jahre seines Lebens arbeitete. Sein Amt als Professor an der Akademie der Künste gab ihm nach der Rückkehr aus Italien reichlich Gelegenheit zu Studien, durch welche sein Werk nicht nur an Ausdehnung, sondern auch an Tiefe gewonnen hätte. In seinem Nachlass fand sich noch ein kurzer Plan des Werkes, den sein Verleger, Maurer, in dem 'Berlinischen Archiv der Zeit und ihres Geschmacks' veröffentlichte: 'Bestimmung des Zweckes einer Theorie der schönen Künste, vom verstorbenen Hofrat Moritz' (1795, 4. 225 f.). Die kleine Skizze lautet:

'Der vollständige Begriff des Schönen setzt die Theorie der schönen Künste, vereint mit der Betrachtung der vortrefflichsten Kunstwerke selbst, voraus; denn liesse sich dieser Begriff in wenigen Worten vollständig geben, so wäre keine ausführliche Theorie des Schönen nötig. Alles aber, was über das Schöne gesagt werden kann, muss immer darauf zurückkommen, dass

1) das Schöne uns mehr Ordnung, Übereinstimmung und Bildung in einem **kleinen Umfange** darstellt, als wir sonst gewöhnlich, in dem grossen Ganzen, das uns umgibt, hie und da zerstreut, wahrnehmen. Und dass also

2) das Schöne um desto schöner sei, je mehr das grosse uns umgebende Ganze sich darin zusammendrängt und spiegelt.

Insofern nun aber

3) jedes schöne Kunstwerk mehr oder weniger ein Abdruck des uns umgebenden grossen Ganzen der Natur ist, muss es auch als ein für sich bestehendes Ganze von uns betrachtet werden, welches, wie die grosse Natur

seinen Endzweck in sich selber hat, und um sein selbstwillen da ist. Und auf diese Weise betrachtet, kann
4) das Schöne wahrhaft nützlich sein, indem es unser Wahrnehmungsvermögen für Ordnung und Übereinstimmung schärft, und unsern Geist über das Kleine erhebt, weil es alles Einzelne uns stets im ganzen und in Beziehung auf das Ganze, deutlich erblicken lässt. Um nun aber
5) jedes schöne Kunstwerk als ein für sich bestehendes Ganze zu betrachten, ist es nützlich, in den Werken selbst den Gesichtspunkt aufzufinden, wodurch alles Einzelne sich erst in seiner notwendigen Beziehung auf das Ganze darstellt, und wodurch es uns erst einleuchtet, dass in dem Werk weder etwas überflüssig sei, noch etwas mangele.

Diese wahren Gesichtspunkte für das Schöne in allen Fällen auffinden zu lehren, würde also das Geschäft einer vollständigen Theorie der schönen Künste sein.'

Hätte Moritz das Werk, dessen Plan er so skizziert, noch ausführen können, so wäre ihm wohl die gebührende Stellung in der Geschichte der Ästhetik nicht versagt worden. Es trafen indessen mehrere Umstände zusammen, welche eine Anerkennung seiner Bedeutung verhinderten. Die üblichen buchhändlerischen Hebel zur Verbreitung der kleinen Schrift setzte Campe absichtlich nicht in Bewegung, weil er mit Moritz in einen erbitterten Streit geraten war, der sich gerade an ein abfälliges Urteil über die Schrift anknüpfte. Es ist gar nicht unwahrscheinlich, dass Campe wirklich den grösseren Teil der Auflage 'zur Makulatur werfen' liess, wie er Moritz brieflich drohte. Als Goethe einige Jahrzehnte später die Aufmerksamkeit wieder auf die Schrift lenkte, war ein Exemplar derselben wohl nicht leicht zu beschaffen. Dazu kam, dass viele durch den übertriebenen Ruf der Dunkelheit von ihrer Lektüre abgeschreckt wurden. So ist es zu erklären, dass die Historiker der Ästhetik zumeist die Bedeutung einer Schrift übersehen, welche doch unter den Lösungsversuchen des allgemeinen ästhetischen Problems mindestens eine der interessantesten Spielarten bildet. Als Ausnahme sei unter anderem Koberstein genannt, der in seiner Litteraturgeschichte (Bd. 4 § 316) von Moritz' Abhandlung sagt, sie enthalte 'die geistreichste und der Wahrheit am nächsten kommende Bestimmung der Begriffe der Schönheit und der Kunst, die vor dem Jahre 1790 gefunden wurde.' Ferner Ernst Laas, der sogar ('Der deutsche Aufsatz' 1. 640 f.) die Schrift von Moritz in der Oberklasse der Gymnasien besprochen wissen wollte. — Beachtung erfährt Moritz neuerdings auch durch Wilhelm Dilthey (siehe die Abhandlung: 'Die Einbildungskraft des Dichters. Bausteine für eine Poetik' in 'Philos. Aufsätze, Eduard Zeller zu seinem fünfzigjährigen Doctorjubiläum gewidmet'. Leipzig 1887).

Vielleicht trägt die vorliegende Ausgabe dazu bei, das Interesse für die Abhandlung von neuem anzuregen und Moritz endlich zu seinem Rechte zu verhelfen.

Die schwankende Orthographie des Orginales wurde im Neudruck bewahrt. Druckfehler waren wenige zu verbessern; die allenfalls erwähnenswerten verzeichne ich: S. 17 Z. 26 nebeneinanber vgl. aber Z. 13 | S. 18 Z. 26 eigemächtiges | S. 23 Z. 13 höhsten (sonst höchst) | S. 24 Z. 10 ben | S. 26 Z. 13 allen | Z. 24 bilbelnben | S. 34 Z. 6 Höllenquaalen vgl. aber Z. 9 | S. 36 Z. 5 an |

Über niebrigsten S. 9 Z. 26., vgl. oben S. XXIV Anm. | am Schlusse der Z. 12 S. 33 ist vermutlich Vollkommnere zu ergänzen, vgl. Z. 22 |

Die von Goethe in 'Zweyter Römischer Aufenthalt' (Octavausgabe letzter Hand, Bd. 29 S. 304—316) abgedruckte Stelle S. 17 Z. 20 bis S. 25 Z. 25 weicht im Orthographischen und dgl. vom Originaltexte ab. Ausserdem fehlt S. 19 Z. 11 das störende Komma nach selbst | nicht S. 21 Z. 5 steht vor ber Mühe Z. 4 | S. 21 Z. 7 steht worein | S. 21 Z. 11.12 steht ber höchste, wie auch der Neudruck hätte verbessern sollen | S. 22 Z. 28 fehlt von | S. 23 Z. 13 steht höchsten | S. 24 Z. 10 bem |

Berlin.

Sigmund Auerbach.

Pierer'sche Hofbuchdruckerei. Stephan Geibel & Co. in Altenburg.

Ueber

die bildende

Nachahmung des Schönen.

Von

Karl Philipp Moritz.

Braunschweig 1788.
In der Schul-Buchhandlung.

[3]

Wenn der griechische Schauspieler, in der Komödie des Aristophanes dem Sokrates auf dem Schauplatze, und der Weise ihm im Leben nachahmt: so ist das Nachahmen von beiden so sehr verschieden, daß es nicht wohl mehr unter einer und eben derselben Benennung begriffen werden kann: wir sagen daher der Schauspieler p a r o d i e r t e den Sokrates, und der Weise a h m t i h m n a c h.

Dem Schauspieler war es freilich nicht darum zu thun, dem Sokrates im Ernst nachzuahmen, sondern vielmehr nur, das Eigenthümliche desselben, oder seine I n d i v i d u a l i t ä t in Gang, Miene, Stellung und Gebehrden, auf eine gewisse übertriebne Art, wodurch sie bei dem Zuschauer lächerlich werden sollte, n a c h z u b i l d e n. Weil dieß nun der Schau= spieler mit Bewußtseyn, und gleichsam im Scherz that, so sagen wir: er parodierte den Sokrates.

[4] Wäre aber der Schauspieler, den wir hier vor uns sehen, nicht Schauspieler, sondern irgend einer aus dem Volke, der dem Sokrates, welchem er sich innerlich schon ähnlich dünkte, nun auch im Aeußern, in Gang, Stellung und Gebehrden, i m E r n s t nachzuahmen suchte; so würden wir von diesem Thoren sagen: er ä f f t dem Sokrates nach; oder, er verhält sich zum Sokrates ohngefähr so, wie der Affe, in seinen possierlichen Stellungen und Gebehrden, sich zum Menschen verhält.

Der Schauspieler also schließt den Weisen aus, und parodiert nur den Sokrates; denn die Weisheit läßt sich nicht parodieren: der Weise schließt in seiner Nachahmung

1*

den Sokrates aus, und ahmt in ihm nur den Weisen nach; denn die Individualität des Sokrates kann wohl parodiert und nachgeäfft, aber nie nachgeahmt werden. Der Thor hat keinen Sinn für die Weisheit und hat doch Nachahmungstrieb: er ergreift also, was ihm am nächsten liegt; äfft nach, um nicht nachahmen zu dürfen; trägt die ganze Oberfläche einer fremden Individualität auf die seinige über, und die Basis oder das Selbstgefühl dazu legt ihm seine Thorheit unter.

Wir sehen also aus dem Sprachgebrauch, daß Nachahmen, im edlern moralischen Sinn, mit den Begriffen von nachstreben und wetteifern fast gleichbedeutend wird; weil die Tugend, welche ich z. B. in einem gewissen Vorbilde nachahme, etwas Allgemeines, über die Individualität Erhabnes ist, das von jeder=[s]mann, der darnach strebt, und also auch von mir sowohl, als von meinem Vorbilde, mit dem ich zu wetteifern suche, erreicht werden kann. Weil ich aber diesem Vorbilde doch einmal nachstehe, und ein gewisser Grad von edler Gesinnung und Handlungsweise mir ohne dasselbe vielleicht nicht so bald, oder gar nie denkbar geworden wäre: so nenne ich mein Streben nach einem gemeinschaftlichen Gute, das auch von meinem Vorbilde erst mußte errungen werden, eine Nachahmung dieses Vorbildes.

Ich ahme meinem Vorbilde nach; ich strebe ihm nach; ich suche mit ihm zu wetteifern. — Durch mein Vorbild ist mir bloß das Ziel höher, als von mir selbst, hinaufgesteckt. Nach diesem Ziele muß ich nun, nach meinen Kräften, auf meine Weise, streben; zuletzt mein Vorbild selbst vergessen, und suchen, wenn es möglich wäre, das Ziel noch weiter hinaus zu stecken.

Durch diese Gesinnung muß das Nachahmen im edlern moralischen Sinn erst seinen eigentlichen Werth erhalten. — Und es frägt sich nun: wie von diesem Nachahmen im moralischen Sinn, das Nachahmen in den schönen Künsten, oder von der Nachahmung des Guten und Edlen, die Nachahmung des Schönen unterschieden sey? —

Diese Frage muß sich alsdann von selbst beantworten,

wenn wir die Begriffe von Schön und Gut, wiederum nach dem Sprachgebrauch, gehörig unterscheiden: denn daß dieser sie oft verwechselt, darf uns [6] hier nicht kümmern, wo es beym Nachdenken über die Sache bloß aufs Unterscheiden ankömmt; und nothwendig, sowie auf dem Globus, gewisse feste Grenzlinien, die in der Natur selbst nicht Statt finden, gezogen werden müssen, wenn die Begriffe sich nicht wiederum ebenso, wie ihre Gegenstände, unmerklich in einander verlieren und verschwimmen sollen: ein getreuerer Abdruck der Natur können sie in diesem letztern Falle seyn, aber das eigentliche Denken, welches nun einmal im Unterscheiden besteht, hört auf.

Nun schließt sich aber im Sprachgebrauch das Gute und Nützliche, sowie das Edle und Schöne, natürlich aneinander; und diese vier verschiednen Ausdrücke bezeichnen eine so feine Abstufung der Begriffe, und bilden ein so zartes Ideenspiel, daß es dem Nachdenken schwer werden muß, das immer ineinander sich unmerklich wieder Verlierende gehörig auseinander zu halten, und es einzeln und abgesondert zu betrachten. So viel fällt demohngeachtet deutlich in die Augen, daß das bloß Nützliche dem Schönen und Edlen, mehr als das Gute, entgegenstehe; weil durch das Gute vom bloß Nützlichen zum Schönen und Edlen schon der Uebergang gemacht wird.

Wir denken uns z. B. unter einem nützlichen Menschen einen solchen, der nicht sowohl an und für sich selbst, als vielmehr nur in Beziehung auf irgend einen Zusammenhang von Dingen außer ihm, unsre Aufmerksamkeit verdienet: der gute Mensch hingegen fängt schon an und für sich selbst betrachtet, an, un=[7]sre Aufmerksamkeit auf sich zu ziehen und unsre Liebe zu gewinnen; in so fern wir uns nehmlich denken, daß er, seinem innern Fond von Güte nach, uns nie durch Eigennutz und Selbstsucht schaden, in den Zusammenhang von Dingen, worinn wir uns befinden, nicht leicht disharmonisch eingreifen, kurz, unsern Frieden nicht stören wird. — Der edle Mensch aber, zieht, für sich ganz allein, unsre ganze Aufmerksamkeit und Bewundrung auf sich; ohne alle Rücksicht auf irgend etwas außer ihm, oder auf irgend einen Vortheil, der uns für unsre eigne Person aus seinem Daseyn erwachsen könnte.

Und weil nun der edle Mensch, um edel zu seyn, der körperlichen Schönheit nicht bedarf, so scheiden sich hier wiederum die Begriffe von Schön und Edel, indem durch das letztre die innre Seelenschönheit, im Gegensatz gegen die Schönheit auf der Oberfläche, bezeichnet wird. In so fern nun aber die äußre Schönheit zugleich mit ein Abdruck der innern Seelenschönheit ist, faßt sie auch das Edle in sich, und sollte es, ihrer Natur nach, eigentlich stets in sich fassen. Hiedurch hebt sich aber demohngeachtet der Unterschied zwischen schön und edel nicht wieder auf. Denn unter einer edlen Stellung denken wir uns z. B. eine solche, die zugleich eine gewisse innere Seelenwürde bezeichnet: irgend eine leidenschaftliche Stellung aber kann demohngeachtet immer noch eine schöne Stellung seyn, wenn gleich nicht eine solche innere Seelenwür=[8]de ausdrücklich dadurch bezeichnet wird; nur darf sie einem gewissen Grade von innerer Würde nie geradezu widersprechen; sie darf nie unedel seyn.

Hieraus erklärt sich nun zugleich beiläufig der Begriff vom edlen Stil in Kunstwerken jeder Art, welcher kein andrer ist, als derjenige, der zugleich mit eine innre Seelenwürde des hervorbringenden Genies bezeichnet. Ob nun gleich dieser edle Stil die andern untergeordneten Arten des Schönen nicht vom Gebiet des Schönen ausschließt, so schneidet er doch alles, was ihm geradezu entgegensteht, davon ab; er schließt das Unedle aus.

In so fern nun unter dem Edlen, im Gegensatz gegen das äußre Schöne, bloß die innre Seelenschönheit verstanden wird, können wir es auch, sowie das Gute, in uns selbst nachbilden. Das Schöne aber, in so fern es sich dadurch vom Edlen unterscheidet, daß, im Gegensatz gegen das Innre, bloß das äußre Schöne darunter verstanden wird, kann durch die Nachahmung nicht in uns herein, sondern muß, wenn es von uns nachgeahmt werden soll, nothwendig wieder aus uns herausgebildet werden.

Der bildende Künstler kann z. B. die innre Seelenschönheit eines Mannes, den er sich in seinem Wandel zum Vorbilde nimmt, ihm nachahmend in sich übertragen. Wenn aber eben dieser Künstler sich gedrungen fühlte, die innre Seelenschönheit seines Vorbildes, in so fern sie sich in dessen Gesichtszügen abdrückt, nachzuahmen: so müßte er seinen Begriff da=[9]von nothwendig aus sich herauszubilden und außer sich darzustellen suchen; indem er nehmlich diese Gesichtszüge nicht geradezu nachbildete, sondern sie gleichsam nur zu Hülfe nähme, um die in sich empfundne Seelenschönheit eines fremden Wesens auch außer sich wieder darzustellen.

Die eigentliche Nachahmung des Schönen unterscheidet sich also zuerst von der moralischen Nachahmung des Guten und Edlen dadurch, daß sie, ihrer Natur nach, streben muß, nicht, wie diese, in sich hinein, sondern aus sich heraus zu bilden.

Wenden wir nun die Begriffe von Gut, Schön und Edel wiederum auf den Begriff von Handlung an; so denken wir uns unter einer guten Handlung eine solche, die nicht allein um ihrer Folgen, sondern zugleich um ihrer Beweggründe willen, unsre Aufmerksamkeit erregen, und unsern Beifall verdienen kann; bei der Schätzung einer edlen Handlung vergessen wir ganz die Folge, und sie scheinet uns allein schon um ihrer Beweggründe, das ist, um ihrer selbst willen, unsrer Bewundrung werth. Betrachten wir nun eine solche Handlung nach ihrer Oberfläche, von der sie einen sanften Schein in unsre Seele wirft, oder nach der angenehmen Empfindung, die ihre bloße Betrachtung in uns erweckt; so nennen wir sie eine schöne Handlung: wollen wir aber ihren inneren Werth ausdrücken, so nennen wir sie edel. Jede schöne Handlung aber muß nothwendig auch edel seyn: das Edle ist bei ihr die Basis oder der Fond des Schönen, durch [10] welches sie in unser Auge leuchtet. Durch den Mittelbegriff des Edeln also wird der Begriff des Schönen wieder zum Moralischen hinübergezogen und gleichsam daran festgekettet. Wenigstens werden dem Schönen dadurch die Grenzen vorgeschrieben, die es nicht überschreiten darf.

Da wir nun einmal genöthigt sind, uns den Begriff von der Nachahmung des eigentlichen Schönen, den wir nicht haben, aus dem Begriff von der moralischen Nachahmung des Guten und Edlen, den wir haben, zu entwickeln; und, da wir uns die eigentliche Nachahmung des Schönen, außer dem Genuß der Werke selbst, die dadurch entstanden sind, gar nicht anders denken können, als insofern sie sich von der bloß moralischen Nachahmung des Guten und Edlen unterscheidet: so müssen wir nun schon die Begriffe von nützlich, gut, schön, und edel, noch weiter in ihre feinern Abstufungen zu verfolgen suchen.

Dadurch also, daß z. B. die That des Mutius Scaevola erwünschte Folgen hatte, wurde sie nicht im geringsten edler, als sie war; und würde auch, ohne den Erfolg, von ihrem innern Werth nichts verlohren haben: sie brauchte nicht nützlich zu seyn, um edel zu seyn; bedurfte des Erfolges nicht, eben weil sie ihren innern Werth in sich selber hatte: und wodurch anders hatte sie diesen Werth, als durch sich selbst, durch ihr Daseyn?

Das Edle und Große der Handlung lag ja eben darinn, daß der junge Held, auf jeden Erfolg gefaßt, [11] das alleräußerste wagte, und, da es ihm mißlang, ohne Bedenken seine Hand in die lodernde Flamme streckte, ohne noch zu wissen, was sein Feind, in dessen Gewalt er war, über ihn verhängen würde. — So kann nur der handeln, welcher eine große That, deren Erfolg so äußerst ungewiß ist, um dieser That selbst willen unternimmt, wovon allein schon das große Bewußtseyn ihn für jeden mißlungnen Versuch schadlos hält.

Wäre Mutius, unter andern Umständen, bloß das Werkzeug eines Andern, dem er aus Pflicht gehorchte, zu einer ähnlichen That gewesen, und hätte sie, mit Beistimmung seines Herzens, vortreflich, und so wie er sollte, ausgeführt:

so hätte er zwar noch nicht edel, aber gut gehandelt: denn obgleich seine Handlung auch schon vielen Werth in sich selber hat, so wird doch immer ihre Güte zugleich mit durch den Erfolg bestimmt.

Hätte aber eben dieser Mutius den Angriff auf den Feind seines Vaterlandes, meuchelmörderischer Weise, aus Privatrache und persönlichem Haß gethan, und sie wäre ihm nicht mißlungen: so hätte sie seinem Vaterlande, ohne gut und edel zu seyn, dennoch genützt, und hätte, ohne den mindesten innern Werth zu haben, dennoch durch den Erfolg, eine Art von äußrem Werth erhalten.

Wie nun das Gute zum Edlen, ebenso muß das Schlechte zum Uneblen sich verhalten: das Unedle ist der Anfang des Schlechten, sowie das Gute der An-[12]fang des Schönen und Edlen ist; und sowie eine bloß gute, noch keine edle, so ist eine bloß unedle deswegen noch keine schlechte Handlung. Und wie das Nützliche zum Guten, ebenso verhält wiederum das Unnütze sich zum Schlechten; das Schlechte ist gleichsam der Anfang des Unnützen, sowie das Nützliche schon der Anfang des Guten ist. Wie das bloß Nützliche deswegen noch nicht gut ist, so ist auch das bloß Schlechte deswegen noch nicht unnütz.

Nun steigen die Begriffe von unedel, schlecht, und unnütz, eben so herab, wie die Begriffe von nützlich, gut, und schön heraufsteigen. Von den heraufsteigenden Begriffen steht das Edle und Schöne auf der niedrigsten Stufe. Von allen diesen Begriffen nun, stehen der vom Schönen, und der vom Unnützen am weitesten voneinander ab, und scheinen sich am stärksten entgegengesetzt zu seyn; da wir doch vorher gesehen haben, daß das Schöne und Edle sich eben dadurch vom Guten unterscheidet, daß es nicht nützlich seyn darf, um schön zu seyn, und also der Begriff vom Schönen mit dem Begriff vom Unnützen oder nicht Nützlichen sehr wohl müßte zusammen bestehen können.

Hier zeigt es sich nun, wie ein Zirkel von Begriffen zuletzt sich wieder in sich selbst verliert, indem seine beiden äußersten Enden gerade da wieder zusammenstoßen, wo, wenn sie nicht zusammenstießen, von einem zum andern der weiteste Weg seyn würde.

[13] Der Begriff vom Unnützen nehmlich, in so fern es gar keinen Zweck, keine Absicht außer sich hat, warum es da ist, schließt sich am willigsten und nächsten an den Begriff des Schönen an, in so fern dasselbe auch keines Endzwecks, keiner Absicht, warum es da ist, außer sich bedarf, son dern seinen ganzen Werth, und den Endzweck seines Daseyns in sich selber hat.

In so fern aber nun das Unnütze nicht zugleich auch schön ist, fällt es auf einmal wieder am allerweitesten vom Begriff des Schönen bis unter das Schlechte hinab, weil es nun weder in sich noch außer sich, eine Absicht hat, warum es da ist, und sich also gleichsam selbst aufhebt. Ist aber das Unnütze, oder dasjenige, was außer sich keinen Endzweck seines Daseyns hat, zugleich auch schön, so steigt es plötzlich auf die höchste Stufe der Begriffe bis über das Nützliche und Gute empor, indem es eben deswegen keines Endzwecks außer sich bedarf, weil es in sich so vollkommen ist, daß es den ganzen Endzweck seines Daseyns in sich selbst hat.

Die drei aufsteigenden Begriffe von nützlich, gut und schön, und die drei absteigenden von unedel, schlecht und unnütz, bilden also aus dem Grunde einen Zirkel, weil die beiden äußersten Begriffe vom Unnützen und vom Schönen sich gerade am wenigsten einander ausschließen; und der Begriff des Unnützen von dem einen, für den Be= griff des Schönen von dem [14] andern Ende, gleichsam die Fuge wird, in die es sich am leichtesten hineinstehlen, und unmerklich sich darin verlieren kann.

Steigen wir nun die Leiter der Begriffe herab, so ver= trägt sich schön und edel zwar mit unnütz, aber nicht mit schlecht und unedel; gut verträgt sich mit unedel, aber nicht mit schlecht und unnütz; nützlich mit schlecht und unedel, aber nicht mit unnütz; unedel mit gut und nützlich, aber nicht mit schön; schlecht mit nützlich, aber nicht mit schön und gut; unnütz mit schön, aber nicht mit gut und nütz=

lich. — Die Begriffe müssen sich immer gerade da wieder entgegen kommen, wo sie am weitesten von einander abzuweichen, und sich zu verlassen scheinen.

Allein wir dürfen itzt dieß Ideenspiel nur so weit verfolgen, als es unserm Zweck uns näher führt, unsre Vorstellung von der Nachahmung des Schönen, durch den Begriff des Schönen aufzuhellen. Nun kann aber nur die Vorstellung von dem, was das Schöne n i ch t z u s e y n b r a u ch t, um schön zu seyn, und was als überflüssig davon betrachtet werden muß, uns auf einen nicht unrichtigen Begriff des Schönen führen, indem wir uns alles, was nicht dazu gehört, um dasselbe her hinweg, und also wenigstens den wahren Umriß des leeren Raumes denken, wohinein das von uns Gesuchte, wenn es positiv von uns gedacht werden könnte, nothwendig passen müßte.

Da nun aus der vorhergegangenen Nebeneinanderstellung klar ist, daß die Begriffe von schön und un=[15]nütz nicht nur einander nicht ausschließen, sondern sogar sich willig in einander fügen: so muß das Nützliche offenbar an dem Schönen als überflüssig, und wenn es sich daran befindet, doch als zufällig, und als nicht dazu gehörig betrachtet werden, weil die wahre Schönheit, eben so wie das Edle in der Handlung, durch das Nützliche dabei weder vermehrt, noch durch den Mangel desselben auf irgend eine Weise vermindert werden kann.

Wir können also das Schöne im Allgemeinen auf keine andre Weise erkennen, als in so fern wir es dem Nützlichen entgegenstellen, und es davon so scharf wie möglich unterscheiden. Eine Sache wird nehmlich dadurch noch nicht schön, daß sie nicht nützlich ist, sondern dadurch, daß sie nicht nützlich zu seyn b r a u ch t. Um nun aber die Frage zu beantworten, wie denn eine Sache beschaffen seyn müsse, damit sie nicht nützlich zu seyn brauche, müssen wir wiederum erst den Begriff des Nützlichen noch mehr zu entwickeln suchen.

Unter Nutzen denken wir uns nehmlich die Beziehung eines Dinges, als Theil betrachtet, auf einen Zusammenhang von Dingen, den wir uns als ein Ganzes denken. Diese Beziehung muß nehmlich von der Art seyn, daß der Zusammenhang des Ganzen beständig dadurch gewinnt und erhalten wird: je mehrere solcher Beziehungen nun eine Sache auf den Zusammenhang, worinn sie sich befindet, hat, um desto nützlicher ist dieselbe.

[16] Jeder Theil eines Ganzen muß auf die Weise mehr oder weniger Beziehung auf das Ganze selbst haben: das Ganze, als Ganzes betrachtet, hingegen, braucht weiter keine Beziehung auf irgend etwas außer sich zu haben. So muß jeder Bürger eines Staats eine gewisse Beziehung auf den Staat haben, oder dem Staate nützlich seyn; der Staat selbst aber braucht in so fern er in sich allein ein Ganzes bildet, weiter keine Beziehung auf irgend etwas außer sich zu haben, und braucht also auch nicht weiter nützlich zu seyn.

Hieraus sehen wir also, daß eine Sache, um nicht nützlich seyn zu dürfen, nothwendig ein für sich bestehendes Ganze seyn müsse, und daß also mit dem Begriff des Schönen der Begriff von einem für sich bestehenden Ganzen unzertrennlich verknüpft ist. — Daß aber dieß demohngeachtet noch nicht zum Begriff des Schönen hinreicht, sehen wir daraus, weil wir z. B. mit dem Begriff vom Staat, ob derselbe gleich ein für sich bestehendes Ganze ist, dennoch den Begriff der Schönheit nicht wohl verknüpfen können, indem derselbe in seinem ganzen Umfange, weder in unsern äußern Sinn fällt, noch von der Einbildungskraft umfaßt, sondern bloß von unserm Verstande gedacht werden kann.

Aus eben dem Grunde können wir auch mit dem ganzen Zusammenhange der Dinge den Begriff von Schönheit nicht eigentlich verknüpfen, eben weil dieser Zusammenhang, in seinem ganzen Umfange, weder in unsre Sinnen fällt, noch von unsrer Einbildungs=[17]kraft umfaßt werden kann, gesetzt daß er auch von unserm Verstande gedacht werden könnte.

Zu dem Begriff des Schönen, welches uns daraus entsprungen ist, daß es nicht nützlich zu seyn braucht, gehört also noch, daß es nicht nur oder nicht sowohl, ein für sich

bestehendes Ganze wirklich sey, als vielmehr nur wie ein für
sich bestehendes Ganze, in unsre Sinne fallen, oder
von unsrer Einbildungskraft umfaßt werden könne.
Und so wie nun das Nützliche seine Grade hat, ebenso
muß sie auch das Schöne haben: je mehr Zusammenhang
befördernde Beziehung nämlich eine nützliche Sache auf den
Zusammenhang, worinn sie sich befindet, hat, um desto nütz=
licher ist sie; und je mehrere solcher Beziehungen eine schöne
Sache von ihren einzelnen Theilen zu ihrem Zusammenhange,
das ist, zu sich selber, hat, um desto schöner ist sie.
So wie nun das Schöne, unbeschadet seiner Schönheit
auch nützen kann, ob es gleich nicht um zu nützen da ist;
so kann das Nützliche auch, unbeschadet seines Nutzens, in
einem gewissen Grade schön seyn, ob es gleich nur um zu
nutzen da ist.

Allein es darf die Linie um kein Haarbreit überschreiten;
sobald der Zweck des Nützlichen, wozu es da ist, unter der
angemaßten Schönheit leidet, bleibt es weder schön noch
nützlich mehr, sinkt unter sich selbst herab, und hebt sich
selber auf.

Wenn das Schöne sich an dem Nützlichen befindet,
muß es sich auch dem Nützlichen unterordnen [18] — es ist
nicht um sein selbst willen da — es dient das Nützliche
aufzuschmücken — steigt also selbst zum Nützlichen herab,
und fließt mit ihm zusammen — Es giebt seine Ansprüche
mit seinem Nahmen auf; tritt in gemessene Schranken; wird
zur bescheidnen Zierde, zur simplen Eleganz.

Aus der höchsten Mischung des Schönen mit dem
Edlen, da wo das äußere Schöne ganz in Ausdruck innrer
Würde und Hoheit übergeht, erwächst der Begriff des
Majestätischen — Denken wir uns das Majestätische belebt,
so muß es die Welt beherrschen, der Dinge Zusammenhang
in sich fassen; der Erdkreis muß vor ihm sich beugen.

Wenn wir das Edle in Handlung und Gesinnung mit
dem Uneblen messen, so nennen wir das Edle groß, das
Uneble klein. — Und messen wir wieder das Große, Edle
und Schöne nach der Höhe, in der es über uns, unsrer

Fassungskraft kaum noch erreichbar ist, so geht der Begriff des Schönen in den Begriff des Erhabnen über.

In so fern aber nun in einem schönen Werke die mannich=
faltigen Beziehungen der einzelnen Theile zum Ganzen,
nicht nur oder nicht sowohl von unserm Verstande gedacht
werden, als vielmehr nur in unsern äußren Sinn fallen,
oder von unsrer Einbildungskraft umfaßt werden
müssen, in so fern schreiben unsre Empfindungswerk=
zeuge dem Schönen wieder sein Maaß vor.

[19] Sonst würde freilich der Zusammenhang der ganzen
Natur, welcher zu sich selber, als zu dem größten uns denk=
baren Ganzen, die meisten Beziehungen in sich faßt, auch
für uns das höchste Schöne seyn, wenn derselbe nur einen
Augenblick von unsrer Einbildungskraft umfaßt werden
könnte.

Denn dieser große Zusammenhang der Dinge ist doch
eigentlich das einzige, wahre Ganze; jedes einzelne Ganze
in ihm, ist, wegen der unauflöslichen Verkettung der Dinge,
nur eingebildet — aber auch selbst dies Eingebildete
muß sich dennoch, als Ganzes betrachtet, jenem großen
Ganzen in unsrer Vorstellung ähnlich, und nach eben den
ewigen, festen Regeln bilden, nach welchen dieses sich von
allen Seiten auf seinen Mittelpunkt stützt, und auf seinem
eignen Daseyn ruht.

Jedes schöne Ganze aus der Hand des bildenden
Künstlers, ist daher im Kleinen ein Abdruck des höchsten
Schönen im großen Ganzen der Natur; welche das noch
mittelbar durch die bildende Hand des Künstlers nach=
erschafft, was unmittelbar nicht in ihren großen Plan gehörte.

Wem also von der Natur selbst, der Sinn für ihre
Schöpfungskraft in sein ganzes Wesen, und das Maaß des
Schönen in Aug' und Seele gedrückt ward, der begnügt
sich nicht, sie anzuschauen; er muß ihr nachahmen, ihr nach=
streben, in ihrer geheimen Werkstatt sie belauschen, und mit
der lodernden Flamm' im Busen bilden und schaffen, so
wie sie: —

[20] Indem seine glühende Spähungskraft in das Innre der Wesen bringt, bis auf den Quell der Schönheit selbst, die feinsten Fugen löset; und auf der Oberfläche sie schöner wieder fügend, ihre edle Spur in weichen Ton eindrückt, in harten Stein sie bildet; oder auf flachem Grunde, mit trennender Spitze die Gestalt aus ihren Umgebungen sondert; durch kühnen Farbenanstrich die Masse selbst nachahmt; und durch Mischung von Licht und Schatten die Fläche dem Auge entgegen rückt.

Die Realität muß unter der Hand des bildenden Künstlers zur Erscheinung werden; indem seine durch den Stoff gehemmte Bildungskraft von innen, und seine bildende Hand von außen, auf der Oberfläche der leblosen Masse zusammentreffen, und auf diese Oberfläche nun alles das hinübertragen, was sonst größtentheils vor unsern Augen sich in die Hülle der Existenz verbirgt, die durch sich selbst schon jede Erscheinung aufwiegt.

Von dem reellen und vollendeten Schönen also, was unmittelbar sich selten entwickeln kann, schuf die Natur doch mittelbar den Wiederschein durch Wesen in denen sich ihr Bild so lebhaft abdrückte, daß es sich ihr selber in ihre eigene Schöpfung wieder entgegenwarf. — Und so brachte sie, durch diesen verdoppelten Wiederschein sich in sich selber spiegelnd, über ihrer Realität schwebend und gaukelnd, ein Blendwerk hervor, das für ein sterbliches Auge noch reizender, als sie selber ist.

[21] Und obgleich auch der Mensch an seinem Platze in der Reihe der Dinge so beschränkt wie möglich ist, damit über ihm und unter ihm sich noch so viele verschiedne Arten des Daseyns, wie nur möglich sind, drängen mögen; so gab ihm dennoch die Natur, damit er in seiner Art so vollkommen wie möglich sey, außer dem Genuß noch Bildungskraft; ließ ihn mit sich selbst wetteifern, und sich von ihm, damit keine Kraft in ihm unentwickelt bliebe, sogar dem Scheine nach, übertreffen.

Der Sinn aber für das höchste Schöne in dem harmonischen Bau des Ganzen, das die vorstellende Kraft des

Menschen nicht umfaßt, liegt unmittelbar in der **Thatkraft** selbst, die nicht ehr ruhen kann, bis sie das, was in ihr schlummert, wenigstens irgend einer der vorstellenden Kräfte genähert hat. — Sie greift daher in der Dinge Zusammen= hang, und was sie faßt, will sie der Natur selbst ähnlich, zu einem **eigenmächtig** für sich bestehenden Ganzen bilden. — Die Realität der Dinge, deren Wesen und Wirk= lichkeit eben in ihrer **Einzelnheit** besteht, wiederstrebt ihr lange, bis sie das innre Wesen, in die Erscheinung aufgelöst, sich zu eigen macht, und eine eigne Welt sich schafft, worin gar nichts Einzelnes mehr statt findet, sondern jedes Ding in seiner Art ein für sich bestehendes Ganze ist.

Die Natur konnte aber den Sinn für das höchste Schöne nur in die Thatkraft pflanzen, und durch dieselbe erst mittelbar einen Abdruck dieses höchsten Schö=[22]nen der Einbildungskraft faßbar, dem Auge sichtbar, dem Ohre hör= bar, machen; weil der Horizont der Thatkraft mehr unfaßt, als der äußre Sinn, und Einbildungs= und Denkkraft fassen kann.

In der Thatkraft liegen nämlich **stets** die Anlässe und Anfänge zu so vielen Begriffen, als die Denkkraft nicht auf einmal einander **unterordnen**; die Einbildungskraft nicht auf einmal **neben einander stellen**, und der äußre Sinn noch weniger auf einmal in der **Wirklichkeit** außer sich fassen kann.

Die Denkkraft muß sich, um dem, was die thätige Kraft in dunkler Ahndung **auf einmal** faßt, nachzukommen, so oft wiederholen, bis sie den ganzen Fonds von Anfängen und Anlässen zu Begriffen, der in der Thatkraft ihr unter= liegt, erschöpft hat, und alsdann den Kreislauf von neuem beginnen kann. — Die Einbildungskraft muß noch weit öfter sich wiederholen, weil sie nicht in einander= sondern **nebeneinanderstellend**, jedesmal um so weniger fassen kann. — Der äußre Sinn ist ein immerwährendes Wieder= holen seiner selbst, weil er jedesmal nur so viel faßt, als in dem Horizonte, der undurchdringlich ihn umschließt, **wirk= lich** neben einander steht. — So wenig faßt der äußre

Sinn, daß, um dem reichen Fonds von Anläſſen zu Be=
griffen, die in der Thatkraft ſchlummern, nachzukommen,
und alle zum Anſchaun und zur Wirklichkeit zu bringen, kein
Leben hinreicht, und ſo lange wir athmen, das Auge ſich
nimmer ſatt ſieht, das Ohr ſich nimmer ſatt hört.

[23] Je lebhafter ſpiegelnd nun das Organ von der
dunkelahnbenden Thatkraft, durch die unterſchei=
bende Denkkraft, bis zu dem hellſehenden Auge, und
deutlich vernehmenden Ohre, wird; um deſto voll=
ſtändiger und lebendiger werden zwar die Begriffe, aber um
deſtomehr verbrängen ſie ſich auch, und ſchließen ein=
ander aus. — Wo ſie ſich alſo am wenigſten einander
ausſchließen, und ihrer am meiſten neben einander be=
ſtehen können, das kann nur da ſeyn, wo ſie am unvoll=
ſtändigſten ſind, wo bloß ihre Anfänge oder erſten An=
läſſe zuſammentreffen, die eben durch ihr Mangelhaftes und
Unvollſtändiges, in ſich ſelber den immerwährenden, un=
widerſtehlichen Reiz bilden, der ſie zur vollſtändigen Wirk=
lichkeit bringt.

Der Horizont der thätigen Kraft aber muß bei dem
bildenden Genie ſo weit, wie die Natur ſelber, ſeyn:
das heißt, die Organiſation muß ſo fein gewebt ſeyn, und
ſo unendlich viele Berührungspunkte der allumſtrömen=
den Natur barbieten, daß gleichſam die äußerſten Enden
von allen Verhältniſſen der Natur im Großen, hier im
Kleinen ſich neben einander ſtellend, Raum genug haben,
um ſich einander nicht verdrängen zu dürfen.

Wenn nun eine Organiſation von dieſem feinern Ge=
webe, bei ihrer völligen Entwicklung, auf einmal in der
dunklen Ahndung ihrer thätigen Kraft, ein Ganzes faßt,
das weder in ihr Auge noch in ihr Ohr, weder in ihre Ein=
bildungskraft noch in ihre Gedanken [24] kam; ſo muß noth=
wendig eine Unruhe, ein Mißverhältniß zwiſchen den ſich
wägenden Kräften ſo lange entſtehen, bis ſie wieder in ihr
Gleichgewicht kommen.

Bei einer Seele, deren bloß thätige Kraft ſchon das
edle, große Ganze der Natur in dunkler Ahndung faßt,

kann die deutlich erkennende Denkkraft, die noch lebhafter
darstellende Einbildungskraft, und der am hellsten spiegelnde
äußre Sinn, mit der Betrachtung des Einzelnen im Zu=
sammenhange der Natur, sich nicht mehr begnügen.
5 Alle die in der thätigen Kraft bloß dunkel geahndeten
Verhältnisse jenes großen Ganzen, müssen nothwendig auf
irgend eine Weise entweder sichtbar, hörbar, oder doch der
Einbildungskraft faßbar werden: und um dieß zu werden,
muß die Thatkraft, worinn sie schlummern, sie nach sich
10 selber, aus sich selber bilden. — Sie muß alle
jenen Verhältnisse des großen Ganzen, und in ihnen das höchste
Schöne, wie an den Spitzen seiner Strahlen, in einen Brennpunkt fassen. — Aus diesem Brennpunkte muß sich, nach
des Auges gemessener Weite, ein zartes und doch getreues
15 Bild des höchsten Schönen ründen, das die vollkommensten
Verhältnisse des großen Ganzen der Natur, eben so wahr
und richtig, wie sie selbst, in seinen kleinen Umfang faßt.

Weil nun aber dieser Abdruck des höchsten Schönen
nothwendig an etwas haften muß, so wählt die bildende
20 Kraft, durch ihre Individualität bestimmt, irgend einen
sichtbaren, hörbaren, oder doch der Ein=[25]bildungskraft
faßbaren Gegenstand, auf den sie den Abglanz des höchsten
Schönen im verjüngenden Maaßstabe überträgt. — Und
weil dieser Gegenstand wiederum, wenn er wirklich, was
25 er darstellt, wäre, mit dem Zusammenhange der Natur,
die außer sich selber kein wirklich eigenmächtiges Ganze
duldet, nicht ferner bestehen könnte: so führet uns dies auf
den Punkt, wo wir schon einmal waren: daß jedesmal das
innre Wesen erst in die Erscheinung sich verwandeln müsse,
30 ehe es, durch die Kunst, zu einem für sich bestehenden Ganzen
gebildet werden, und ungehindert die Verhältnisse des
großen Ganzen der Natur, in ihrem völligen Umfange spiegeln
kann.

Da nun aber jene großen Verhältnisse, in deren völligen
35 Umfange eben das Schöne liegt, nicht mehr unter das
Gebiet der Denkkraft fallen; so kann auch der lebendige
Begriff von der bildenden Nachahmung des Schönen, nur

im Gefühl der thätigen Kraft, die es hervorbringt, im ersten
Augenblick der Entstehung statt finden, wo das Werk, als
schon vollendet, durch alle Grade seines allmähligen Werdens,
in dunkler Ahndung, auf einmal vor die Seele tritt, und
in diesem Moment der ersten Erzeugung gleichsam vor seinem
wirklichen Daseyn, da ist; wodurch alsdann auch jener
unnennbare Reiz entsteht, welcher das schaffende Genie zur
immerwährenden Bildung treibt.

Durch unser Nachdenken über die bildende Nachahmung
des Schönen, mit dem reinen Genuß der schönen Kunstwerke
selbst, vereint, kann zwar etwas je=[26]nem lebendigen Be=
griff näherkommendes in uns entstehn, das den Genuß der
schönen Kunstwerke uns erhöht. — Allein da unser höchster
Genuß des Schönen dennoch sein werden aus unsrer
eignen Kraft unmöglich mit in sich fassen kann — so
bleibt der einzige höchste Genuß desselben immer dem
schaffenden Genie, das es hervorbringt, selber; und das
Schöne hat daher seinen höchsten Zweck, in seiner Entstehung,
in seinem Werden schon erreicht: unser Nachgenuß des=
selben ist nur eine Folge seines Daseyns — und das
bildende Genie ist daher im großen Plane der Natur, zu=
erst um sein selbst, und dann erst um unsertwillen da;
weil es nun einmal außer ihm noch Wesen giebt, die selbst
nicht schaffen und bilden, aber doch das Gebildete, wenn es
einmal hervorgebracht ist, mit ihrer Einbildungskraft um=
fassen können.

Die Natur des Schönen besteht ja eben darinn, daß
sein inres Wesen außer den Grenzen der Denkkraft, in
seiner Entstehung in seinem eignen Werden liegt. Eben
darum, weil die Denkkraft beim Schönen nicht mehr fragen
kann, warum es schön sey? ist es schön. — Denn es
mangelt ja der Denkkraft völlig an einem Vergleichungs=
punkte, wornach sie das Schöne beurtheilen, und betrachten
könnte. Was giebt es noch für einen Vergleichungspunkt
für das ächte Schöne, als mit dem Inbegriff aller har=
monischen Verhältnisse des großen Ganzen der Natur, die
keine Denkkraft umfassen kann? Alles einzelne hin und

her in der Natur zerstreute Schöne, ist ja nur in [27] so fern schön, als sich dieser Inbegriff aller Verhältnisse jenes großen Ganzen mehr oder weniger darinn offenbahrt. — Es kann also nie zum Vergleichungspunkte für das Schöne der bil=
5 denden Künste, eben so wenig als der wahren Nachahmung des Schönen zum Vorbilde dienen; weil das höchste Schöne im Einzelnen der Natur immer noch nicht schön genug für die stolze Nachahmung der großen und majestätischen Ver= hältnisse des allumfassenden Ganzen der Natur ist. — Das
10 Schöne kann daher nicht erkannt, es muß hervorgebracht — oder e m p f u n d e n werden.

Denn weil in gänzlicher Ermanglung eines Vergleichungs= punktes, einmal das Schöne kein Gegenstand der Denkkraft ist, so würden wir, in so fern wir es nicht selbst hervor=
15 bringen können, auch seines Genusses ganz entbehren müssen, indem wir uns nie an etwas h a l t e n könnten, dem das Schöne näher käme, als das Minderschöne — wenn nicht etwas die Stelle der hervorbringenden Kraft in uns ersetzte, das ihr so nahe wie möglich kömmt, ohne doch sie selbst zu
20 seyn: — dieß ist nun, was wir G e s c h m a c k oder Em= pfindungsfähigkeit für das Schöne nennen, die, wenn sie in ihren Grenzen bleibt, den Mangel des höhern Genusses bei der Hervorbringung des Schönen, durch die ungestörte Ruhe der stillen Betrachtung ersetzen kann.

25 Wenn nämlich das Organ nicht fein genug gewebt ist, um dem einströmenden Ganzen der Natur so viele Be= rührungspunkte darzubieten, als nöthig sind, [28] um alle ihre großen Verhältnisse vollständig im Kleinen abzuspiegeln, und uns noch ein Punkt zum völligen Schluß des Zirkels
30 fehlt; so können wir statt der Bildungskraft nur Em= pfindungsfähigkeit für das Schöne, haben: jeder Versuch, es außer uns wieder darzustellen, würde uns mißlingen, und uns desto unzufriedner mit uns selber machen, je näher unser Empfindungsvermögen für das Schöne an das uns
35 mangelnde Bildungsvermögen grenzt.

Weil nämlich das Wesen des Schönen eben in seiner Vollendung in sich selbst besteht, so schadet ihm der letzte fehlende Punkt, soviel als tausend, denn er verrückt alle übrigen Punkte aus der Stelle, in welche sie gehören. — Und ist dieser **Vollendungspunkt** einmal verfehlt, so verlohnt ein Werk der Kunst der Mühe des Anfangs und der Zeit seines Werdens nicht; es fällt unter das schlechte bis zum Unnützen herab, und sein Daseyn muß nothwendig durch die Vergessenheit, worinn es sinkt, sich wieder aufheben.

Eben so schadet auch dem in das feinere Gewebe der Organisation gepflanzten Bildungsvermögen, der letzte zu seiner Vollständigkeit fehlende Punkt, soviel als tausend. — Den höchsten Werth, den es als Empfindungsvermögen haben könnte, kömmt bei ihm, als Bildungskraft, ebenso wenig wie der geringste, in Betrachtung. Auf dem Punkte, wo das Empfindungsvermögen seine Grenzen überschreitet, muß es [29] nothwendig unter sich selber sinken, sich aufheben, und vernichten.

Je vollkommner das Empfindungsvermögen für eine gewisse Gattung des Schönen ist, um desto mehr ist es in Gefahr sich zu täuschen, sich selbst für Bildungskraft zu nehmen, und auf die Weise durch tausend mißlungne Versuche, seinen Frieden mit sich selbst zu stören.

Es blickt z. B. beim Genuß des Schönen in irgend einem Werke der Kunst zugleich **durch das Werden desselben**, in die bildende Kraft, die es schuf, hindurch; und ahndet dunkel den höhern Grad des Genusses eben dieses Schönen, im Gefühl der Kraft, die mächtig genug war, es aus sich selbst hervorzubringen.

Um sich nun diesen höhern Grad des Genusses, welchen sie an einem Werke, das einmal schon da ist, unmöglich haben kann, auch zu verschaffen; strebt die einmal zu lebhaft gerührte Empfindung vergebens etwas Aehnliches aus sich selbst hervorzubringen; haßt ihr eignes Werk, verwirft es, und verleidet sich zugleich den Genuß alle des Schönen, das außer ihr schon da ist, und woran sie nun eben deswegen, weil es ohne ihr Zuthun da ist, keine Freude findet.

Ihr einziger Wunsch und Streben ist, des ihr versagten, höhern Genusses, den sie nur dunkel ahndet, theilhaftig zu werden: in einem schönen Werke, das ihr sein Daseyn dankt, mit dem Bewußtseyn von eigner Bildungskraft, sich selbst zu spiegeln. —

[30] Allein sie wird ihres Wunsches ewig nicht gewährt, weil Eigennutz ihn erzeugte; und das Schöne sich nur um sein selbstwillen von der Hand des Künstlers greifen, und willig und folgsam von ihm sich bilden läßt.

Wo sich nun in den schaffenwollenden Bildungstrieb, sogleich die Vorstellung vom Genuß des Schönen mischt, den es, wenn es vollendet ist, gewähren soll; und wo diese Vorstellung der erste und stärkste Antrieb unsrer Thatkraft wird, die sich zu dem, was sie beginnt, nicht in und durch sich selbst gedrungen fühlt; da ist der Bildungstrieb gewiß nicht rein: der Brennpunkt oder Vollendungspunkt des Schönen fällt in die Wirkung über das Werk hinaus; die Strahlen gehen auseinander; das Werk kann sich nicht in sich selber ründen.

Dem höchsten Genuß des aus sich selbst hervorgebrachten Schönen sich so nah zu dünken, und doch darauf Verzicht zu thun, scheint freilich ein harter Kampf — der dennoch äußerst leicht wird; wenn wir aus diesem Bildungstriebe, den wir uns einmal zu besitzen schmeicheln, um doch sein Wesen zu veredeln, jede Spur des Eigennutzes, die wir noch finden, tilgen; und jede Vorstellung des Genusses, den uns das Schöne, das wir hervorbringen wollen, wenn es nun da seyn wird, durch das Gefühl von unsrer eignen Kraft, gewähren soll, soviel wie möglich, zu verbannen suchen: so daß, wenn wir auch mit [31] dem letzten Athemzuge es erst vollenden könnten, es dennoch zu vollenden strebten. —

Behält alsdann das Schöne, das wir ahnden, bloß an und für sich selbst, in seiner Hervorbringung, noch Reiz genug unsre Thatkraft zu bewegen; so dürfen wir getrost unserm Bildungstriebe folgen, weil er ächt und rein ist. —

Verliert sich aber, mit der gänzlichen Hinwegdenkung des Genusses und der Wirkung, auch der Reiz — so bedarf es ja keines Kampfes weiter — der Frieden in uns ist hergestellt — und das nun wieder in seine Rechte getretne Empfindungsvermögen eröfnet sich, zum Lohne für sein bescheidnes Zurücktreten in seine Grenzen, dem reinsten Genuß des Schönen, der mit der Natur seines Wesens bestehen kann.

Freilich kann nun der Punkt, wo Bildungs- und Empfindungskraft sich schneidet, so äußerst leicht verfehlt und überschritten werden, daß es gar nicht zu verwundern ist, wenn immer tausend falsche, angemaaßte Abdrücke des höchsten Schönen, gegen einen ächten, durch den falschen Bildungstrieb, in den Werken der Kunst entstehen.

Denn da die ächte Bildungskraft, sogleich bei der ersten Entstehung ihres Werks, auch schon den ersten, höhsten Genuß desselben, als ihren sichern Lohn, in sich selber trägt; und sich nur dadurch von dem falschen Bildungstriebe unterscheidet, daß sie den **allerersten** Moment ihres Anstoßes durch sich selber, und [32] nicht durch die Ahndung des Genusses von ihrem Werke, erhält; und weil in diesem Moment der **Leidenschaft** die Denkkraft selbst kein richtiges Urtheil fällen kann, so ist es fast unmöglich, ohne eine Anzahl mißlungner Versuche, dieser Selbsttäuschung zu entkommen.

Und selbst auch diese mißlungnen Versuche sind noch nicht immer ein Beweiß von Mangel an Bildungskraft, weil diese selbst da, wo sie ächt ist, oft eine ganz falsche Richtung nimmt, indem sie vor ihre Einbildungskraft stellen will, was vor ihr Auge, oder vor ihr Auge, was vor ihr Ohr gehört.

Eben weil die Natur die inwohnende Bildungskraft nicht immer zur völligen Reife und Entwicklung kommen oder sie einen falschen Weg einschlagen läßt, auf dem sie sich nie entwickeln kann; so bleibt das ächte schöne **selten**.

Und weil sie auch aus dem angemaßten Bildungstriebe das Gemeine und Schlechte ungehindert entstehen läßt, so unterscheidet sich eben dadurch das ächte Schöne und Edle, durch seinen seltnen Werth, vom Schlechten und Gemeinen. —

In dem Empfindungsvermögen bleibt also stets die Lücke, welche nur durch das Resultat der Bildungskraft sich ausfüllt. — Bildungskraft und Empfindungsfähigkeit verhalten sich zu einander, wie Mann und Weib. Denn auch die Bildungskraft ist bei der ersten Entstehung ihres Werks, im Moment des höchsten Genusses, zugleich Empfindungsfähigkeit, und erzeugt, [33] wie die Natur, den Abdruck ihres Wesens aus sich selber.

Empfindungsvermögen sowohl als Bildungskraft sind also in den feinern Gewebe der Organisation gegründet, inso fern dieselbe in allen ihren Berührungspunkten von den Verhältnissen des großen Ganzen der Natur ein vollständiger oder doch fast vollständiger Abdruck ist.

Empfindungskraft sowohl als Bildungskraft umfassen mehr als Denkkraft, und die thätige Kraft, worinn sich beide gründen, faßt zugleich auch alles was die Denkkraft faßt, weil sie von allen Begriffen, die wir je haben können, die ersten Anlässe, stets sie aus sich herausspinnend, in sich trägt.

In sofern nun diese thätige Kraft alles, was nicht unter das Gebiet der Denkkraft fällt, hervorbringend in sich faßt, heißt sie Bildungskraft: und in sofern sie das, was außer den Grenzen der Denkkraft liegt, der Hervorbringung sich entgegen neigend in sich begreift, heißt sie Empfindungskraft.

Bildungskraft kann nicht ohne Empfindung und thätige Kraft, die bloß thätige Kraft hingegen kann ohne eigentliche Empfindungs- und Bildungskraft, wovon sie nur die Grundlage ist, für sich allein stattfinden.

In sofern nun diese bloß thätige Kraft ebenfalls in dem feinern Gewebe der Organisation sich gründet, darf das Organ nur überhaupt in alle seinen Berührungspunkten ein Abdruck der Verhältnisse des großen Ganzen seyn, ohne daß eben der Grad der Vollstän-[34]digkeit erfordert würde, welche die Empfindungs- und Bildungskraft voraussetzt.

Von den Verhältnissen des großen Ganzen, das uns umgiebt, treffen nämlich immer so viele in allen Berührungspunkten unsres Organs zusammen; daß wir dies große Ganze dunkel in uns fühlen, ohne es doch selbst zu seyn: die in unser Wesen hineingesponnenen Verhältnisse jenes Ganzen streben, sich nach allen Seiten wieder auszudehnen: das Organ wünscht, sich nach allen Seiten bis ins Unendliche fortzusetzen. Es will das umgebende Ganze nicht nur in sich spiegeln, sondern so weit es kann, selbst dies umgebende Ganze seyn.

Daher ergreift jede höhere Organisation, ihrer Natur nach, die ihr untergeordnete, und trägt sie in ihr Wesen über. Die Pflanze den unorganisierten Stoff, durch bloßes Werden und Wachsen — das Thier die Pflanzen durch Werden, Wachsen und Genuß — der Mensch verwandelt nicht nur Thier und Pflanze, durch Werden Wachsen und Genuß in sein innres Wesen; sondern faßt zugleich alles, was seiner Organisation sich unterordnet, durch die unter allen am hellsten geschliffne, spiegelnde Oberfläche seines Wesens, in den Umfang seines Daseyns auf, und stellt es, wenn sein Organ sich bildend in sich selbst vollendet, verschönert außer sich wieder dar.

Wo nicht, so muß er das, was um ihn her ist, durch Zerstöhrung in den Umfang seines wirklichen Daseyns ziehen, und verheerend um sich greifen, so [35] weit er kann; da einmal die reine unschuldige Beschauung seinen Durst nach ausgedehntem wirklichen Daseyn nicht ersetzen kann.

Mit dem sich angeschliffnen Stahle seines eingeschränkten Daseyns nicht mehr froh, strebt er, außer sich selber, ein größeres Ganze, als er selbst, zu seyn; stellt sich, zu einem Volk, zu einem Staat sich bildend, mit Wesen seiner Art zusammen, um Wesen seines gleichen, die sich ihm unterordnend ihm nicht dienen, mit ihm nicht eins seyn wollen, zu zerstören. —

Er steht auf dem höchsten Punkte seiner Wirksamkeit; der Krieg, die Wuth, das Feldgeschrei, das höchste Leben, ist nah an den Grenzen seiner Zerstörung da. —

Kommen dann endlich die strebende Kräfte wieder in ein glückliches Gleichgewicht; und macht die unruhige Wirksamkeit der stillen Beschauung Platz: so muß nothwendig in dem zum erstenmal in sich versunknen Menschen der Sinn für die umgebende Natur erwachen, die nie zerstört, als wo sie muß, und schonet, wo sie kann. — Er lernt allmälig das Einzelne im Ganzen, und in Beziehung auf das Ganze sehen; fängt die großen Verhältnisse dunkel an zu ahnden, nach welchen unzählige Wesen auf und ab, so wenig wie möglich sich verdrängen, und doch so nah wie möglich an einanderstoßen. —

Dann steigt in seinen ruhigsten Momenten die Geschichte der Vorwelt, das ganze wunderbare Gewebe des Menschenlebens in alle seinen Zweigen vor ihm [36] auf. — In allen, was seine ruhige Einbildungskraft ihm spiegelt, sondert sich das Große und Edle vom Gemeinen, nach einem dunkelempfundnen Maaßstabe in ihm selber ab, und strebt aus ihm heraus. —

So geht die um sich greifende, zerstörende Thatkraft, sich auf sich selber stützend, in die sanfte schaffende Bildungskraft, durch ruhiges Selbstgefühl, hinüber, und ergreift den leblosen Stoff, und haucht ihm Leben ein.

Auf die Weise bildete unter jedem Himmelsstrich die Natur das Schöne, sich in den reinsten Seelen in ihren ruhigsten Momenten spiegelnd. —

Sie allein führt an ihrer Hand den bildenden Künstler, den Dichter, in ihr innerstes Heiligthum, wo sie dem sich neu entwickelnden Bildungstriebe, schon seit Jahrhunderten vorgearbeitet, und seine Bahn ihm vorgezeichnet hat.

Denn alles, was die Vorwelt erfunden, ist ja in den Umfang der Natur zurücktretend, mit ihr eins geworden, und soll mit ihr vereint, harmonisch auf uns wirken. — —

Das Schöne der bildenden Künste steht, sobald es einmal da ist, mit auf ihrer großen Stufenleiter, und will nicht mit ihr in ihren einzelnen Theilen verglichen, sondern in ihrem ganzen Umfange, als zu ihr gehörend, mitgedacht und empfunden seyn.

Unser Naturgenuß soll durch die Betrachtung des Schönen in der Kunst, verfeinert; und unser Gefühl für das Schöne in der Kunst soll wechselseitig durch [37] den Genuß der schönen Natur ge st ä r k t, und zugleich seine Grenzen ihm vorgezeichnet werden.

Strömt dann das Maaß der Empfindung über, und wird zur Bildungskraft, so ahmt es in jedem Einzelnen der Natur nicht mehr das Einzelne, und in dem höchsten Kunstwerke, nicht das Kunstwerk, sondern die große Harmonie des mitempfundenen Ganzen nach, das sich in beiden ab= drückt.

Der einmal aufgeweckte, ächte Bildungstrieb findet nichts Einzelnes in der Natur, das ganz ihm gnügte; auch selber das höchste Kunstwerk nicht, das, als der erste Abdruck des höchsten Schönen, doch immer nur Abdruck bleibt.

Das bildende Genie will, wo möglich, alle die in ihm schlummernden Verhältnisse jener großen Harmonie, deren Umfang größer, als seine eigne Individualität ist, s e l b st u m f a s s e n: das kann es nun nicht anders, als in ver= schiednen Momenten, schaffend, bildend, aus seiner eignen eingeschränkten Individualität gleichsam heraus, in ein Werk, das außer ihm sich darstellt, hinüberschreitend, und mit diesem Werke nun das umfassend, was seine Ichheit selber vorher nicht fassen konnte.

Allein der Anblick von dem reinsten Abdruck des höchsten Schönen in dem vollkommensten Kunstwerke, mußte dem Bildungstriebe den ersten Anstoß geben, bloß durch Gefühl der Möglichkeit, sich in einem Kunstwerke außer sich selbst zu stellen, und das in einer Folge von Momenten bildend und schaffend zu [38] umfassen, was keine Empfindung auffaßt, wofür das Selbstgefühl zu beschränkt ist, und die Ichheit keinen Raum hat.

Und jeder Stoff, den dann die Bildungskraft ergreift, wird jeden nachfolgenden Versuch vereiteln, denselben Stoff zu einem neuen Werke noch einmal eben so schön zu bilden.

Je mehrere Reize der Stoff an sich hat, um desto= mehr wird es den nachfolgenden Bildungstrieb in Ver= zweiflung setzen. Der falsche Bildungstrieb wird am ersten darnach haschen; Anfang, Mittel, und Ende tauschen; und dies verzerrte, entstellte Ganze, das unverzerrt und unentstellt vor ihm schon da war, als sein eignes Werk betrachten, das ihm sein Daseyn dankt.

Dergleichen Nachäffungen des ächten Schönen könnten nie Beifall finden, wenn Empfindungsfähigkeit und Bildungskraft bei ihrer Entwicklung immer gleichen Schritt hielten, und nicht eins der andern ängstlich nach oder vorzukommen strebte: denn da das Empfindungsvermögen, seiner Natur nach, so nah an die Bildungskraft grenzt, daß diese nur gleichsam die letzte Lücke ausfüllt, deren Ausfüllung dem Geschmack zur eignen Hervorbringung des Schönen aus sich selber fehlt; so muß auch die Empfindungsfähigkeit selbst schon den Sinn für das Schöne haben, das die Bildungskraft hervorbringen soll: sie muß sich mit dieser zugleich, in ihrem Maaße, auf gleiche Art entwickeln.

Das Schöne will eben sowohl bloß um sein selbst willen betrachtet und empfunden, als hervorgebracht seyn. — Wir betrachten es, weil es da ist, und mit in der Reihe der Dinge steht; und weil wir einmal betrachtende Wesen sind, bei denen die unruhige Wirksamkeit auf Momente der stillen Beschauung Platz macht.

Betrachten wir das Schöne nicht um sein selbst willen, sondern um erst unsern Geschmack dafür zu bilden, so bekömmt ja eben dadurch unsre Betrachtung schon eine eigennützige Richtung. Unser Urtheil ist uns alsdann mehr werth, als die Sache, worüber wir urtheilen: und statt daß also unsre Beurtheilungskraft, durch ruhige Betrachtung, sich erweitern sollte, wird vielmehr der Gesichtspunkt für das Schöne nach den zu engen Grenzen unsrer Fassungskraft sich verschieben müssen.

Der Geschmack, oder die Beurtheilung des Schönen, gehört ja ebenso, wie das Schöne selbst, zu den Sachen, die wir nicht brauchen, sobald wir sie nicht kennen, und nicht entbehren, sobald wir sie nicht haben; deren Bedürfniß erst durch den Besitz entsteht, wo es sich durch sich selbst befriedigt: geht also das Bedürfniß vor dem Besitz vorher, so kann es nicht anders als eingebildet und erkünstelt seyn.

Was uns daher allein zum wahren Genuß des Schönen bilden kann, ist das, wodurch das Schöne selbst entstand; vorhergegangne ruhige Betrachtung der Natur und Kunst, als eines einzigen [40] großen Ganzen, das in allen seinen Theilen sich in sich selber spiegelnd, da den reinsten Abbruck läßt, wo alle Beziehung aufhört, in dem ächten Kunstwerke, das, so wie sie, in sich selbst vollendet, den Endzweck und die Absicht seines Daseyns in sich selber hat. —

Auf die Weise entstand, ohne alle Rücksicht auf Nutzen oder Schaden, den es stiften könnte, das Schöne der bildenden Künste in jeder Art, bloß um sein selbst und seiner Schönheit willen; und konnte auf keine andere Weise entstehen, weil der Begriff der Schönheit selbst schon jede Rücksicht auf Nutzen oder Schaden, seiner Natur nach, ausschließt; und der Begriff des Schädlichen auch bei der wirklichen Hervorbringung des Schönen sich von selbst aufhebt.

Denn suchen wir uns nun noch zuletzt den Begriff des Schädlichen näher zu entwickeln, so ist nur jede unvollkommnere Sache in sofern schädlich, als eine vollkommnere darunter leidet. — Das wirklich Vollkommnere kann daher nie dem Unvollkommnern; dem weniger Organisirten nie das höher Organisirte schaden.

Wir sagen: es ist schade um den Theil der Pflanzenwelt, den die hereinbrechende Fluth verschlingt; aber nicht um den, der, von der lebenden Welt zerstöhrt, in eine höhere Organisation hinüber geht: denn weit mehr Schade, als um die Pflanzenwelt, wäre es um die lebende Welt, wenn sie deswegen aufhören sollte, damit die ganze Pflanzenwelt unbeschädigt bliebe. —

[41] Und weit mehr Schade, als um die unterjochte Thierwelt, wäre es wieder um die Menschenwelt, wenn diese deßwegen nicht statt finden sollte, damit alles übrige in dem Zustande seiner natürlichen Freiheit bliebe. —

So ließe sich nun weiter schließen, daß es in der Menschenwelt auch mehr Schade um die überwiegende Stärke wäre, wenn diese deswegen nicht statt finden sollte, damit die Schwäche ihre Schwachheit nicht gewahr werde; als es um den schwächern Theil der Menschen schade ist, daß sie der Obermacht des Stärkern weichen, und ihre Schwäche empfinden müssen. —

Und daß es folglich auch wieder um das Schöne, welches am meisten um sein selbst willen da ist, weit mehr Schade wäre, wenn es deswegen vertilgt seyn sollte, damit keine unbefriedigte Sehnsucht dadurch entstehn, und keine thätige Kraft darunter erliegen könne; als es um die thätige Kraft schade ist, die unter der unbefriedigten Sehnsucht endlich erliegen muß; —

Da überdem das Schöne mit dem Leiden, das sein versagter Genuß erweckt, zusammengenommen, in unsrer Vorstellung erst seinen höchsten Reiz erhält, dem durch kein schöneres Opfer, als dieses, kann gehuldigt werden. —

[42] Denn so wie die Liebe die höchste Vollendung unsres empfindenden Wesens ist, so ist die Hervorbringung des Schönen die höchste Vollendung unsrer thätigen Kraft — und die höchste Liebe muß wieder in Hervorbringung, in Zeugung, wo nicht in die süßeste Auflösung des liebenden Wesens hinüber gehn. —

Nun sind freilich die Begriffe von Aufopferung, Liebe und Sehnsucht selber viel zu süß, als daß wir sie wieder entbehren könnten, sobald wir sie einmal haben, oder ihr Daseyn nicht wünschen sollten, sobald wir sie einmal kennen. —

Es scheint nichts Höheres zu geben, dem die Aufopferung selbst wieder müßte aufgeopfert werden. — Und das Schöne hinwegwünschen, weil unter ihm die Stärke erliegt, hieße auch, die Stärke hinweg wünschen, weil unter ihm die Schwäche erliegt; den Menschen, weil er mit zerstöhrender Hand die freie Thierwelt sich unterjocht; die ganze lebende Welt, weil sie unaufhörlich die unschuldige Pflanzenwelt zerstöhrt; und zuletzt auch die leblose Pflanzenwelt, weil sie die unzerstöhrbaren Theile des organisirten Stoffs, aus ihrer natürlichen Gleichheit reißt, und sie, durch die trügerische Bildung und Form zum erstenmale der Zerstöhrung unterwirft.

Das einfachste Pflanzengewebe muß für seinen Raub an den noch einfachern Elementen schon durch [43] Auflösung und Verwelkung; das geringste Lebende für seinen Raub an dem Organisirten, mit körperlichen Schmerzen und dem Tode; und die Menschheit für den Raub ihres höhern Daseyns, an der ganzen umgebenden Natur, mit den Leiden der Seele büßen. — Und das Individuum muß dulden, wenn die **Gattung** sich erheben soll.

Die Menschengattung aber muß sich heben, weil sie den Endzweck ihres Daseyns nicht mehr außer sich, sondern in sich hat; und also auch durch die Entwicklung aller in ihr schlummernden Kräfte, bis zur Empfindung und Hervorbringung des Schönen, **sich in sich selber vollenden muß**. — Zu dieser Vollendung aber gehört das duldende Individuum selber mit; dessen Duldung eben, wenn sie vorüber ist, durch die Darstellung zugleich in den höchsten Vollendungspunkt des Schönen mit hinüber geht. —

So löst sich die Duldung in die Erscheinung auf, indem sie da, wo sie wirklich geduldet ward, nicht mehr empfunden, nicht mehr geduldet wird. —

Das individuelle Leiden in der Darstellung, geht in das erhabnere **Mitleiden** über, wodurch eben das Individuum aus sich selbst gezogen, und die Gattung wieder in sich selber vollendet wird.

Höher aber kann die Menschheit sich nicht heben, als bis auf den Punkt hin, wo sie durch das Edle in [44] der Handlung, und das Schöne in der Betrachtung, das Indibuum selbst aus seiner Individualität herausziehend, in den schönen Seelen sich vollendet, die fähig sind, aus ihrer eingeschränkten Ichheit, in das Interesse der Menschheit hinüber schreitend, sich in die Gattung zu verlieren.

Ehe sie aber bis dahin sich erhebt, muß die Duldung des Einzelnen vorhergehn. — Die Gattung ist mit dem Individuum, die Erscheinung mit der Wirklichkeit im ewigen Kampfe.

Sobald die Erscheinung in der Gattung, über die Wirk=
lichkeit in dem Individuum gesiegt hat, geht das bitterste
Leiden, durch das über die Individualität erhabne Mitleid,
in die süßeste Wehmuth über; und der Begriff des höchsten
Schädlichen in der Wirklichkeit, löst sich in den Begriff
des höchsten Schönen in der Erscheinung, auf.

Und so wie jedes Schöne in der Erscheinung nur in
dem Maaße schön ist, als es nicht nützlich zu sein braucht,
so ist es auch nur in dem Maaße schön, als es, wenn es
wirklich wäre, schädlich seyn würde; und doch auch wieder
nicht schädlich seyn würde — in sofern das Wort schäd=
lich von untergeordneten, selbst der Schönheit huldigenden
Wesen ausgesprochen wird, die nicht wünschen können, daß
das Schöne vertilgt seyn mögte, damit es keine Zerstöhrung
an=[45]richte; sondern die Schuld der Zerstöhrung von der
Schönheit ab, auf die Nothwendigkeit der Dinge, oder
höhere Mächte wälzen: wie der Greis Priamus beim
Homer, der die erhabne, selbst über den durch sie ge=
stifteten Jammer weinende Schönheit, mit sanften Worten
tröstet:

Tochter, du bist nicht, die unsterblichen Götter sind schuldig,
Welche den traurigen Krieg mir mit Achaja erregten.

Und die zürnenden Trojaner, welche die verderbliche
Ursach des Krieges laut verwünschen, können sich nicht ent=
halten, bei der Ankunft des göttlichen Weibes, sich ins
Ohr zu flüstern:

Wahrlich, sie sind nicht zu schelten, die schön gestiefelten Griechen,
Und die Trojaner, um solch ein Weib so vieles zu dulden:
Denn den Unsterblichen gleicht sie an Wuchs und schöner Gebehrde.

Der Kampf muß also durchgekämpft, das große Opfer
muß dargebracht werden. — Das Geklirr der Waffen, und
das Geschrei der Sterbenden muß gen Himmel tönen —
Hektor muß fallen, und Hekuba ihr Haar zerraufen. —

Hat dann die Zeit über die Zerstöhrung ihre Furche
hingezogen; so nimmt die Nachwelt den Jammer der Vor=

welt in ihren Busen auf, und macht ihn, wie ein köstliches Kleinod, sich zu eigen, durch welches der Menschheit ihr dauernder Werth gesichert, und ihre edelste und zarteste Bildung vollendet wird.

[46] Denn in der Duldung liegt der Kern zu jeder höhern Entwicklung; und die Freude selbst nimmt, wo sie am höchsten steigt, von der jungfräulichen Hoffnung und dem geliebten Kummer, mit süßen Thränen, Abschied. — Der freudige Stoff der Dichtkunst löst sich in sich selber, der tragische in der Veredelung unsres Wesens durch das Mitleid, auf.

Je weniger wir nämlich das schadende und vernichtende selbst vertilgt wünschen, und uns dennoch nicht enthalten können, vor der nahen, unvermeidlichen Vernichtung eines Wesens unsrer Art, zu zittern, um desto edler und reiner muß unser Mitleid werden, weil es mit keiner Bitterkeit und keinem Haß gegen die zerstöhrende Obermacht mehr vermischt ist, sondern ganz in sich selbst versunken, sich zu der unaufhaltbaren Thräne ründet, worinn unser ganzes mitleidendes Wesen, aus seinem zartesten Vollendungspunkte, sich aufzulösen und zu zerfließen strebt.

Wir können aber das vernichtende Vollkommnere in sofern nicht vertilgt wünschen, als wir uns zugleich selbst in ihm doppelt vernichtet fühlen würden. —

Denn in sofern das Schöne alles Mangelhafte von sich ausschließt, begreift es auch alles Wirkliche in sich, das bloß durch sein Mangelhaftes sich von dem Schönen unterscheidet, und eben deswegen sich unwiderstehlich von ihm angezogen fühlt, und mit ihm [47] eins zu seyn strebt, weil es in dem Schönen das Ganze erkennt, von dem es selber nur ein Theil ist.

Indem nun aber das Schöne alles Mangelhafte von sich ausschließt, und alles Wirkliche in sich begreift, ohne doch alles Wirkliche selbst zu seyn, findet es, selbst da, wo es wirklich ist, für jedes Individuum, das mit ihm nicht eins werden kann, immer nur in der Erscheinung statt.

Wenn nun bei diesem Individuum die Empfindung die Thatkraft überwiegt, und also die Thatkraft durch Zerstöhrung sich nicht rächen kann; so muß das Individuum für den Raub, den es durch die Erkenntniß des ihm unerreichbaren Schönen, an seiner Individualität begangen hat, mit Höllenqualen büßen.

Sysiphus wälzt den Stein — Tantalus lechzt nach der von seinen Lippen ewig weichenden Fluth. —

Allein die Qualen sind nur dem Individuum schrecklich, und werden in der Gattung schön — sobald daher die Gattung in dem Individuum sich vollendet, lößt sein Leiden sich von ihm ab, und geht in die Erscheinung, die Empfindung geht in die Bildung über — was von dem bildenden Wesen sich zerstöhrt, ist sein Phantom — das veredelte Daseyn bleibt zurück.

[48] Eben diese Erscheinung aber faßt das alles in sich, was die Wirklichkeit hätte zerstöhren müssen, wenn sie nicht die Macht gehabt hätte, es von sich abzulösen, und bildend außer sich darzustellen. — So wie jedes vollkommne Kunstwerk seinen Urheber, oder was ihn umgiebt, würde zernichtet haben, wenn es sich aus seiner Kraft nicht hätte entwickeln können.

In diesem Punkte treffen also Zerstöhrung und Bildung in eins zusammen — Denn das höchste Schöne der bildenden Künste, faßt dieselbe Summe der Zerstöhrung, in einander gehüllt, auf einmal in sich, welche die erhabenste Dichtkunst, nach dem Maaß des Schönen, auseinander gehüllt, in furchtbarer Folge uns vor Augen legt.

Ist es nicht die immerwährende Zerstöhrung des Einzelnen, wodurch die Gattung in ewiger Jugend und Schönheit sich erhält?

Und ist es nicht die durch die reinste Imagination zum Gott verkörperte Jugend und Schönheit selbst, welche mit sanftem Geschoß die Menschen tödtet; oder mit Köcher und Bogen zürnend einher tritt, düster und furchtbar, wie Schrecken der Nächte — den silbernen Bogen spannt — und die verderbenden Pfeile in das Lager der Griechen sendet? — Sobald nämlich in der vollendeten Schönheit die Gattung sich selbst erblickt, kann sie das, worinn sie [49] eigentlich erst sich selbst besitzt, nicht anders, als für das größte Kleinod halten, welches in sofern es nicht als Erscheinung, sondern als wirklich betrachtet wird, alles Einzelne aufwiegt.

Weil es nun von jedem als wirklich betrachtet werden kann, so wird das Einzelne dadurch gezwungen, sich wieder unter einander aufzuwiegen, damit sein verhältnißmäßiger Werth gegen das Schöne sichtbar werde, der sich nicht anders, als durch die Zerstöhrung des Schwächern durch das Stärkre, und des Unvollkommnern durch das Vollkommnere, zeigen kann.

Auf die Weise schreibt die Schönheit der Zerstöhrung selbst ihr edles Maaß vor — wo nicht, so regen die Zähne des Drachen sich in der lockern Erde — die Saat des Kadmus keimt in geharnischten Männern auf, die ihre Schwerdter gegen einander kehren, und ehe vom Streit nicht ruhn, bis ihre Leiber wieder den Boden küssen. —

Weil nun durch die Erscheinung der individuellen Schönheit dieselbe Summe der Zerstöhrung des Einzelnen, in einem kürzern Zeitraume, sichtbar wird, welche zur Erhaltung der immerwährenden Jugend und Schönheit, in der Gattung überhaupt, durch Alter und Krankheit, fast unmerklich ihren Fortschritt hält:

[50] Und weil wir diese Zerstöhrung mit der individuellen Schönheit, durch welche sie unmittelbar bewirkt wird, uns zusammendenken:

So giebt das Schöne, in welches die Zerstöhrung selbst sich wieder auflößt, uns gleichsam ein Vorgefühl von jener großen Harmonie, in welche Bildung und Zerstöhrung einst Hand in Hand, hinüber gehn.

Und die immerwährende Zerstöhrung des Schwächern durch das Stärkre, und des Unvollkommnern durch das Vollkommnere, scheint uns in eben dem Maaße, wie die

unaufhörliche Bildung des Unvollkommnern zum Voll=
kommnern, dem ewigen Schönen n a ch z u a h m e n, das, über
Zerstöhrung und Bildung selbst erhaben, in der Himmels=
wölbung und auf der stillen Meeresfläche ruhend, sich uns
am reinsten darstellt. —

Allein unser Begriff des Schönen verliert sich zuletzt
doch immer wieder in den Begriff der N a ch a h m u n g von
etwas, worinn das Vollendete sich wieder zu vollenden, und
unser eignes Wesen, in jeder Aeußrung seines Daseyns, uns
unbewußt, sich aufzulösen strebt.

Wo nun die Auflösung eines Wesens unsrer Art, am
unmittelbarsten durch die schönen Verhältnisse des Ganzen
selbst bewirkt wird, und in der edelsten Bil=[51]dung dieses
Wesens selbst sich gründet, da scheinet in der Darstellung
seiner Leiden, die immerwährende Auflösung unsres eignen
Wesens, auf einige Augenblicke, uns bewußt zu werden, in=
dem uns dünkt, als ob, im schönen Wiederschein herbei=
gezaubert, ein Stück aus jenem großen Zirkel vor uns
schwebte, in welchen unsre kleinre Laufbahn sich einst ver=
lieren wird. —

So vollendet die Liebe unser Wesen — das erhabnere
Mitleid aber blickt thränend auf die Vollendung selbst her=
ab — Weil es Aufhören und Werden, Zerstöhrung und
Bildung in eins zusammenfaßt.

Und wenn jemals ein schwacher Schimmer des über
Zerstöhrung und Bildung erhabnen Schönen sich uns zeigen
kann, so muß es auf dem Punkte seyn, wo es aus der über
unserm Haupte schwebenden Zerstöhrung selbst uns wieder
entgegen lächelt. —

Das Auge blickt dann, sich selber spiegelnd, aus der
Fülle des Daseyns auf. —

Die Erscheinung ist mit der Wirklichkeit, die Gattung
mit dem Individuum eins geworden. —

Tod und Zerstöhrung selbst verlieren sich in den Be=
griff der e w i g b i l d e n d e n N a ch a h m u n g des über
[52] die Bildung selbst erhabnen Schönen, dem

nicht anders als, durch immerwährend sich ver=
jüngendes Daseyn, nachgeahmt werden kann.

Durch dieß sich stets verjüngende Daseyn, sind wir
selber.

Daß wir selber sind, ist unser höchster und edelster
Gedanke.

Und von sterblichen Lippen, läßt sich kein erhabneres
Wort vom Schönen sagen, als: es ist!

Anhang.
Aus der Berlinischen Monatsschrift, Bd. 5, Berlin 1785.

[225] **Verſuch einer Vereinigung aller ſchönen Künſte und Wiſſenſchaften unter dem Begriff des in ſich ſelbſt Vollendeten.**

An Herrn Moſes Mendelsſohn.

Man hat den Grundſatz von der Nachahmung der Natur, als den Hauptendzweck der ſchönen Künſte und Wiſſenſchaften verworfen, und ihn dem Zweck des Vergnügens untergeordnet, den [226] man dafür zu dem erſten Grundgeſetze der ſchönen Künſte gemacht hat. Dieſe Künſte, ſagt man, haben eigentlich bloß das Vergnügen, ſo wie die mechaniſchen den Nutzen, zur Abſicht. — Nun aber finden wir ſowohl Vergnügen am Schönen, als am Nützlichen: wie unterſcheidet ſich alſo das erſtre vom letztern?

Bei dem bloß Nützlichen finde ich nicht ſowohl an dem Gegenſtande ſelbſt, als vielmehr an der Vorſtellung von der Bequemlichkeit oder Behaglichkeit, die mir oder einem andern durch den Gebrauch deſſelben zuwachſen wird, Vergnügen. Ich mache mich gleichſam zum Mittelpunkte, worauf ich alle Theile des Gegenſtandes beziehe, d. h. ich betrachte denſelben bloß als ein Mittel, wovon ich ſelbſt, in ſo fern meine Vollkommenheit dadurch befördert wird, der Zweck bin. Der bloß nützliche Gegenſtand iſt alſo in ſich nichts Ganzes oder Vollendetes, ſondern wird es erſt, indem er in mir ſeinen Zwek erreicht, oder in mir vollendet wird. —

Bei der Betrachtung des Schönen aber wälze ich den Zwek aus mir in den Gegenstand selbst zurük: ich betrachte ihn, als etwas, nicht in mir, sondern **in sich selbst Vollendetes**, das also in sich ein Ganzes ausmacht, und mir **um sein selbst willen** Vergnügen gewährt; indem ich dem schönen Gegenstande nicht sowohl eine Beziehung auf mich, als mir vielmehr eine Beziehung auf ihn gebe. Da mir nun das Schöne mehr um sein selbst willen, [227] das Nützliche aber bloß um meinetwillen, lieb ist; so gewähret mir das Schöne ein höheres und uneigennützigeres Vergnügen, als das bloß Nützliche. Das Vergnügen an dem bloß Nützlichen ist gröber und gemeiner, das Vergnügen an dem Schönen feiner und seltner. Jenes haben wir, in gewissem Verstande, mit den Thieren gemein; dieses erhebt uns über sie.

Da das Nützliche seinen Zwek nicht in sich, sondern **außer sich** in etwas anderm hat, dessen Vollkommenheit dadurch vermehrt werden soll; so muß derjenige, welcher etwas Nützliches hervorbringen will, diesen **äußern** Zwek bei seinem Werke beständig vor Augen haben. Und wenn das Werk nur seinen äußern Zwek erreicht, so mag es übrigens in sich beschaffen sein, wie es wolle; dies kömmt, in sofern es bloß nützlich ist, gar nicht in Betracht. Wenn eine Uhr nur richtig ihre Stunden zeigt, und ein Messer nur gut schneidet; so bekümmre ich mich, in Ansehung des eigentlichen Nutzens, weder um die Kostbarkeit des Gehäuses an der Uhr, noch des Griffes an dem Messer: auch achte ich nicht darauf, ob mir selbst das Werk in der Uhr, oder die Klinge an dem Messer, gut ins Auge fällt oder nicht. Die Uhr und das Messer haben ihren Zwek außer sich, in demjenigen, welcher sich derselben zu seiner Bequemlichkeit bedienet; sie sind daher nichts in sich Vollendetes, und haben an und für sich, ohne die mögliche oder [228] wirkliche Erreichung ihres äußern Zwets, keinen eigenthümlichen Werth. Mit diesem ihren äußern Zwek zusammengenommen als ein Ganzes betrachtet, machen sie mir erst Vergnügen; von diesem Zwek abgeschnitten, lassen sie mich völlig gleichgültig. Ich betrachte die Uhr und das Messer nur mit Vergnügen, in so ferne ich sie brauchen kann, und brauche sie nicht, damit ich sie betrachten kann.

Bei dem Schönen ist es umgekehrt. Dieses hat seinen
5 Zwek nicht außer sich, und ist nicht wegen der Vollkommen=
heit von etwas anderm, sondern wegen seiner eignen innern
Vollkommenheit da. Man betrachtet es nicht, in so fern
man es brauchen kann, sondern man braucht es nur, in
so fern man es betrachten kann. Wir bedürfen des Schönen
10 nicht so sehr, um dadurch ergötzt zu werden, als das Schöne
unsrer bedarf, um erkannt zu werden. Wir können sehr
gut ohne die Betrachtung schöner Kunstwerke bestehen, diese
aber können, als solche, nicht wohl ohne unsre Betrachtung
bestehen. Jemehr wir sie also entbehren können, desto mehr
15 betrachten wir sie um ihrer selbst willen, um ihnen durch
unsre Betrachtung gleichsam erst ihr wahres volles Dasein
zu geben. Denn durch unsre zunehmende Anerkennung des
Schönen in einem schönen Kunstwerke, vergrößern wir gleich=
sam seine Schönheit selber, und legen immer mehr Werth
20 hinein. Daher das ungeduldige Verlangen, daß alles dem
Schönen huldigen [229] soll, welches wir einmal dafür er=
kannt haben: je allgemeiner es als schön erkannt und be=
wundert wird, desto mehr Werth erhält es auch in unsern
Augen. Daher das Mißvergnügen bei einem leeren Schau=
25 spielhause, wenn auch die Vorstellung noch so vortreflich ist.
Empfänden wir das Vergnügen an dem Schönen mehr um
unsert= als um sein selbst willen, was würde uns daran
liegen, ob es von irgend jemand außer uns erkannt würde?
Wir verwenden, wir beeifern uns für das Schöne, um ihm
30 Bewundrer zu verschaffen, wir mögen es antreffen, wo wir
wollen: ja, wir empfinden sogar eine Art von Mitleid beim
Anblick eines schönen Kunstwerks, das in den Staub dar=
niedergetreten, von den Vorübergehenden mit gleichgültigem
Blik betrachtet wird. — Auch das süße Staunen, das
35 **angenehme Vergessen unsrer selbst** bei Betrachtung
eines schönen Kunstwerks, ist ein Beweis, daß unser Ver=
gnügen hier etwas untergeordnetes ist, das wir freiwillig

erſt durch das Schöne beſtimmt werden laſſen, welchem wir
eine Zeitlang eine Art von Obergewalt über alle unſre
Empfindungen einräumen. Während das Schöne unſre Be=
trachtung ganz auf ſich zieht, zieht es ſie eine Weile von
uns ſelber ab, und macht, daß wir uns in dem ſchönen
Gegenſtande zu verlieren ſcheinen; und eben dies Verlieren,
dies Vergeſſen unſrer ſelbſt, iſt der höchſte Grad des reinen
und uneigennützigen Vergnügens, welches uns das Schöne [230]
gewährt. Wir opfern in dem Augenblik unſer individuelles
eingeſchränktes Daſein einer Art von höherem Daſein auf.
Das Vergnügen am Schönen muß ſich daher immer mehr der
uneigennützigen L i e b e nähern, wenn es ächt ſein ſoll. Jede
ſpecielle Beziehung auf mich in einem ſchönen Kunſtwerke
giebt dem Vergnügen, das ich daran empfinde, einen Zuſatz,
der für einen andern verlohren geht; das Schöne in dem
Kunſtwerke iſt für mich nicht eher rein und unvermiſcht, bis
ich die ſpecielle Beziehung auf mich ganz davon hinwegdenke,
und es als etwas betrachte, das bloß um ſein ſelbſt willen
hervorgebracht iſt, damit es etwas in ſich Vollendetes ſei. —
So wie nun aber die Liebe und das Wohlwollen dem edlen
Menſchenfreunde gewiſſermaßen zum Bedürfniß werden können,
ohne daß er deswegen eigennützig werde; ſo kann auch
dem Mann von Geſchmack das Vergnügen am Schönen,
durch die Gewöhnung dazu, zum Bedürfniß werden, ohne
deswegen ſeine urſprüngliche Reinheit zu verlieren. Wir
bedürfen des Schönen bloß, weil wir Gelegenheit zu haben
wünſchen, ihm durch Anerkennung ſeiner Schönheit zu
huldigen.

Ein Ding kann alſo nicht deswegen ſchön ſein, weil es
uns Vergnügen macht, ſonſt müßte auch alles Nützliche ſchön
ſein; ſondern was uns Vergnügen macht, ohne eigentlich zu
nützen, nennen wir ſchön. Nun kann aber das Unnütze oder
Un=[231]zwekmäßige unmöglich einem vernünftigen Weſen Ver=
gnügen machen. Wo alſo bei einem Gegenſtande ein äußerer
Nutzen oder Zwek fehlt, da muß dieſer in dem Gegenſtande
ſelbſt geſucht werden, ſobald derſelbe mir Vergnügen erwekken
ſoll; oder: ich muß in den e i n z e l n e n T h e i l e n des=

selben so viel Zwekmäßigkeit finden, daß ich vergesse zu fragen, wozu nun eigentlich das Ganze soll? Das heißt mit andern Worten: ich muß an einem schönen Gegenstande nur um sein selbst willen Vergnügen finden; zu dem Ende muß der Mangel der äußern Zwekmäßigkeit durch seine innere Zwekmäßigkeit ersezt sein; der Gegenstand muß etwas in sich selbst Voll endetes sein. Ist nun die innere Zwekmäßigkeit in einem schönen Kunstwerke nicht groß genug, um mich die äußere darüber vergessen zu lassen; so frage ich natürlicherweise: wozu das Ganze? Antwortet mir der Künstler: um dir Vergnügen zu machen; so frage ich ihn weiter: was hast du für einen Grund, mir durch dein Kunstwerk eher Vergnügen als Miß vergnügen zu erwekken? Ist dir an meinem Vergnügen so viel gelegen, daß du dein Werk mit Bewußtsein unvoll kommner machen würdest, als es ist, damit es nur nach meinem vielleicht verdorbenem Geschmak wäre; oder ist dir nicht vielmehr an deinem Werke so viel gelegen, daß du mein Vergnügen zu demselben hinaufzustimmen suchen wirst, damit seine Schönheiten von mir empfunden [232] werden? Ist das letztere, so sehe ich nicht ab, wie mein zufälliges Vergnügen der Zwek von deinem Werke sein konnte, da dasselbe durch dein Werk selbst erst in mir erwekt und be stimmt werden mußte. Nur in so fern du weißt, daß ich mich gewöhnt habe, an dem, was wirklich in sich vollkommen ist, Vergnügen zu empfinden, ist dir mein Vergnügen lieb; dies würde aber nicht so sehr bei dir in Betracht kommen, wenn es dir bloß um mein Vergnügen, und nicht vielmehr darum zu thun wäre, daß die Vollkommenheit deines Werks durch den Antheil, den ich daran nehme, bestätiget werden soll. Wenn das Vergnügen nicht ein so sehr unter= geordneter Zweck, oder vielmehr nur eine natürliche Folge bei den Werken der schönen Künste wäre; warum würde der ächte Künstler es denn nicht auf so viele als möglich zu verbreiten suchen, statt daß er oft die angenehmen Empfindungen von vielen Tausenden, die für seine Schön=

heiten keinen Sinn haben, der Vollkommenheit seines Wertes aufopfert? — Sagt der Künstler: aber wenn mein Werk gefällt oder Vergnügen erwekt, so habe ich doch meinen Zwek erreicht; so antworte ich: umgekehrt! weil du deinen Zwek erreicht hast, so gefällt dein Werk, oder daß dein Werk gefällt, kann vielleicht ein Zeichen sein, daß du oeinen Zwek in dem Werke selbst erreicht hast. War aber der eigentliche Zwek bei deinem Werke mehr das Vergnügen, das du [233] dadurch bewürken wolltest, als die Vollkommenheit des Werks in sich selber; so wird mir eben dadurch der Beifall schon sehr verdächtig, den dein Werk bei diesem oder jenem erhalten hat.

„Aber ich strebe nur den Edelsten zu gefallen." — Wohl! aber dies ist nicht dein letzter Zwek; denn ich darf noch fragen: warum strebst du gerade den Edelsten zu gefallen? Doch wohl, weil diese sich gewöhnt haben, an dem Vollkommensten das größte Vergnügen zu empfinden? Du beziehst ihr Empfinden auf dein Werk zurük, dessen Vollkommenheit du dadurch willst bestätiget sehen. Muntre dich immer durch den Gedanken an den Beifall der Edlen zu deinem Werke auf; aber mache ihn selber nicht zu deinem letzten und höchsten Ziele, sonst wirst du ihn am ersten verfehlen. Auch der schönste Beifall will nicht erjagt, sondern nur auf dem Wege mitgenommen sein. Die Vollkommenheit deines Werks fülle während der Arbeit deine ganze Seele, und stelle selbst den süßesten Gedanken des Ruhmes in Schatten, daß dieser nur zuweilen hervortrete, dich aufs neue zu beleben, wenn dein Geist anfängt, laß zu werden; dann wirst du ungesucht erhalten, wornach Tausende sich vergeblich bemühen. Ist aber die Vorstellung des Beifalls dein Hauptgedanke, und ist dir dein Werk nur in so fern werth, als es dir Ruhm verschaft; so thu Verzicht auf den Beifall der Edlen. Du arbeitest nach einer eigennützigen Richtung: [234] der Brennpunkt des Werks wird außer dem Werke fallen, du bringst es nicht um sein selbst willen, und also auch nichts Ganzes, in sich Vollendetes, hervor. Du wirst falschen Schimmer suchen, der vielleicht eine Zeitlang das

Auge des Pöbels blendet, aber vor dem Blik des Weisen wie Nebel verschwindet. Der wahre Künstler wird die höchste innere Zwekmäßigkeit oder Vollkommenheit in sein Werk zu bringen suchen;
5 und wenn es dann Beifall findet, wird's ihn freuen, aber seinen eigentlichen Zwek hat er schon mit der Vollendung des Werks erreicht. So wie der wahre Weise die höchste mit dem Lauf der Dinge harmonische Zwekmäßigkeit in alle seine Handlungen zu bringen sucht; und die reinste Glück=
10 seligkeit, oder den fortdaurenden Zustand angenehmer Empfindungen, als eine sichre Folge davon, aber nicht als Ziel derselben betrachtet. Denn auch die reinste Glückseligkeit will nur auf dem Wege zur Vollkommenheit mitgenommen, und nicht erjagt sein. Die Glückseligkeitslinie
15 läuft mit der Vollkommenheitslinie nur parallel; sobald jene zum Ziele gemacht wird, muß die Vollkommenheitslinie lauter schiefe Richtungen bekommen. Die einzelnen Handlungen, in so fern sie bloß zu einem Zustande angenehmer Empfindungen abzwekken, bekommen zwar eine anscheinende
20 Zwekmäßigkeit; aber sie machen zusammen kein übereinstimmendes harmonisches Ganze [235] aus. Ebenso ist es auch in den schönen Künsten, wenn der Begriff der Vollkommenheit oder des in sich selbst Vollendeten dem Begriff vom Vergnügen untergeordnet wird.
25 „Also ist das Vergnügen gar nicht Zwek?" — Ich antworte: was ist Vergnügen anders, oder woraus entsteht es anders, als aus dem Anschauen der Zweckmäßigkeit? Gäbe es nun etwas, wovon das Vergnügen selbst allein der Zweck wäre; so könnte ich die Zwekmäßigkeit jenes
30 Dinges bloß aus dem Vergnügen beurtheilen, welches mir daraus erwächst. Mein Vergnügen selbst aber muß ja erst aus dieser Beurtheilung entstehen; es müßte also da sein, ehe es da wäre. Auch muß ja der Zwek immer etwas Einfacheres als die Mittel sein, welche zu demselben ab=
35 zwekken: nun ist aber das Vergnügen an einem schönen Kunstwerke eben so zusammengesetzt, als das Kunstwerk selber, wie kann ich es denn als etwas Einfacheres betrachten,

worauf die einzelnen Theile des Kunstwerks abzwekken sollen? Eben so wenig wie die Darstellung eines Gemäldes in einem Spiegel der Zwek seiner Zusammensetzung sein kann; denn diese wird allemal von selbst erfolgen, ohne daß ich bei der Arbeit die mindeste Rüksicht darauf zu nehmen brauche. Stellt nun ein angelaufner Spiegel mein Kunstwerk desto unvollkommner dar, je vollkommner es ist; so werde ich es doch wohl nicht deswegen unvollkommner machen, damit weniger Schön= [236] heiten in dem angelaufenen Spiegel verlohren gehen? —

Moritz.